STEFFIE SPIRA

TRAB DER SCHAUKELPFERDE

STEFFIE SPIRA

TRAB DER SCHAUKELPFERDE

AUTOBIOGRAPHIE

Kore

Wir, so gut es gelang,
haben das unsre getan.
Hölderlin

WENN ich, als Kind von sechs Jahren, mit meiner Mutter eine ganze Weile gelaufen war, meine Schwester auf der rechten Seite, ich auf der linken, und wir gingen den Weg nach Hause, zur Koblenzer Straße in Berlin-Wilmersdorf, so faßte ich nach meiner Mutter weicher Hüfte und legte mich an sie und ging, den Arm um ihre Taille geschlungen, mich von ihr langsam ziehen lassend, neben ihr her. Das war für mich der Inbegriff von Liebe.

Sehr, sehr viele Jahre später sah ich ein Fotobuch, das hieß nach einer Ausstellung *The Family of Man*. Dort war eine schöne Negerin abgebildet, und an ihrer Seite ging und hielt sich, genauso wie ich als kleines Mädchen, ihr eigenes Kind. Das ist für mich der Ausdruck von Zusammengehörigkeit.

In Mexiko gibt es bei einem Mann namens Kurt Stavenhagen, der eine große Sammlung mexikanischer Skulpturen der präkolumbianischen Zeit hat, eine wunderbare kleine Fayence, nicht höher als fünfundzwanzig und auch nicht breiter als dreißig Zentimeter. Sie stellt ein Liebespaar auf der Schaukel dar. Das Paar hat zusammen nur drei Beine. Das, scheint mir, ist der Inbegriff der Zusammengehörigkeit.

Ich erzähle diese Dinge, weil sie zu meinem Leben gehören. Nie wollte ich etwas anderes sein als ein Mensch, der Menschen liebt und von Menschen geliebt wird. Vielleicht ist das zu anspruchsvoll, aber ich habe versucht, dem zu genügen, und ich habe auch in meinem Leben viel Liebe gefunden.

Meine Anschauungen vom Leben wurden mir schon in einem sehr frühen Stadium eingepflanzt, und zwar durch meinen Großonkel Wilhelm Wetzel. Er war für mich der Inbegriff des Menschen. Damals für mich uralt, hatte er einen graumelierten Vollbart, lustige Augen und eine Halbglatze. Von Beruf war er Buchdrucker. Er wohnte mit seiner Frau, meiner Großtante Malchen, bei meinen Eltern; sie lebten in einem eigenen Zimmer in unserer Wohnung, und ich habe sie in meiner Kinderzeit innig geliebt. Onkel Wetzel war der erste, der mir ganz besondere Märchen erzählte.

Wie viele Buchdrucker in dieser Zeit, gehörte er der sozialdemokratischen Partei an, trug den großen, breiten schwarzen Hut, wie ich ihn später bei Léon Blum und Marcel Cachin gesehen habe, auch den Redingote, den großen Radmantel mit der Pelerine, und in seinen Manteltaschen steckten immer eine Unmenge Bonbons, die er bei sich trug, um den Kindern, die ihn auf der Straße anlachten, etwas geben zu können. Auch er liebte meine Schwester und mich. An jedem Abend saßen wir auf seinen Knien, und er erzählte uns selbsterfundene Geschichten. Aber nicht solche von den lieben Feen und den guten Zwergen, die den

Menschen helfen oder auch einmal etwas Böses tun, nein, er erzählte uns Märchen, in denen die Kinder Lebenserfahrungen machten, Dingen nachgingen und denken lernten, um das Denken fürs Leben zu üben: daß der Unterschied zwischen arm und reich nicht der entscheidende sei, sondern der Unterschied, was einer im Kopfe habe.

Obwohl er im Krieg 1870/71 gewesen war, verehrte er die Franzosen. Von ihm hörte ich schon mit sieben oder acht Jahren über die Französische Revolution. Aber die Hauptsache: Er war ein wirklicher Antimilitarist. Mein Vater hatte auf dem Korridor einen riesigen Kleiderschrank. In diesem Schrank hingen nicht nur seine Anzüge, sondern auch seine Kostüme. Damals, vor 1914, mußten die Schauspieler ihre Garderobe selbst stellen. Und da hing auch eine wunderschöne Uniform. Sie war mit Tressen und Goldknöpfen geschmückt. Einmal, so erzählte mein Onkel uns, sei er zum Kaiserball eingeladen gewesen und da habe er dieses Schmuckstück angehabt. Die Kaiserin sei auf ihn zugegangen und habe ihn zum Tanz aufgefordert. Als er aber mit ihr tanzte, seien bei jeder Drehung von seinem Gala-Anzug, der viel zu eng war, erst die unteren, dann die oberen Goldknöpfe weggesprungen. Schließlich habe er mit offener Hemdbrust vor der Kaiserin gestanden, und alle hätten ihn ausgelacht. Er freute sich, wie auch wir über sein Mißgeschick lachten. Zum Beweis für seine Geschichte ging er an den Kleiderschrank meines Vaters und holte dessen wunderschöne Uniform heraus. Und da mein Vater ein nicht zu großer, schlanker Mann war, mein Großonkel dagegen wie ein Hüne wirkte, war sie ihm viel zu eng.

Als ich sechs Jahre alt war, brachte er mir das Schachspiel bei; ich war ein bestaunenswertes Kind, das wunderbar schnell lernte. Leider hat dann, nachdem der Onkel tot war – er starb 1917 –, niemand mehr mit mir gespielt. Ich wäre sicher ein Schachwunder geworden.

Dieser Mann hat auf mich einen unauslöschlichen Eindruck gemacht. Ich werde ihn, den ersten Menschen, den ich, außer meinen Eltern, liebte, der pfiff, damit ich tanzen konnte, was damals für mich das Allerschönste war, was das Leben überhaupt bot, der an meinem Bettchen stand, wenn ich schlafen ging, ich werde ihn nie vergessen können. Er stand da und lachte und freute sich über meinen Tanz, bevor ich mich hinlegte.

Das Bett, natürlich klein, mit Eisenstangen, von denen die weiße Farbe schon abblätterte, es war Krieg und neue kam nicht darauf, das arme Bett ächzte unter meinen Sprüngen. Ich hopste so sehr, daß ich mit der federnden Matratze bis auf den Boden kam. Endlich im Bett liegend, in einem Zimmer mit einem Rosenband als Tapetenmuster, sah ich hinauf an die Decke. Diese Decke war zwar geweißt, aber da sie unter der Waschküche lag, bekam sie immer wieder neue gelbe Wasserflecke. Die ergaben die schönen Bilder, die ich aus ihnen entdeckte. Zum Verzweifeln war nur, daß meine Schwester, die doch an der anderen Wand in ihrem Bett lag, nie das gleiche sehen wollte. Darum bildete ich mir ein, andere Augen zu haben.

Meine Mutter war eine schöne Frau. Lange Jahre, als sie bereits über vierzig war, hielten meine Schwester und ich sie für immer noch dreiunddreißig Jahre alt. Sie war nicht schön, wenn man den Begriff klassisch auffaßt, aber sie besaß eine wundervolle Harmonie und Ausgeglichenheit, alles stimmte zusammen. Sie hatte schöne hohe Beine und wirkte groß, mit so eckigen Knien und Knöcheln, wie sie nur trainierte Läufer haben. Ihre Figur schien nicht dick, nicht mager, in guten Proportionen der ganze Körper, und ihre Hände und Arme von einer weichen Zärtlichkeit, der man sich nicht entziehen konnte. Sie hatte einen leicht gelblichen Teint und wurde im Sommer, wenn sie auch nur auf dem Balkon in der Sonne saß, wundervoll braun. Die Gesichtsform leicht oval. Eine schöne Stirn, an der die Haare in einem dunklen Dreieck ansetzten. Die Nase klein, ebenso der Mund, der später einen leicht wehleidigen Zug bekam. Das Schönste waren ihre dunkelbraunen, lebendigen Augen. Ihre Stimme klang dunkel und angenehm, und im Sprechen hatte sie eine zupackende und treffende Art, immer war sie „da". Ich habe sie nie apathisch oder teilnahmslos gesehen, nie abwesend, nie verträumt.

In Berlin geboren, hörte sie auf den schönen Namen Charlotte Wilhelmine Andresen; ihr Vater war Protestant und Hofschuster. Mein Großvater kam aus Tondern in Schleswig-Holstein. Auch er muß sehr schön gewesen sein, wir haben ihn nie gesehen, denn meine Mutter war völlig mit ihm überworfen.

Unsere einzige richtige Tante, die Schwester

meiner Mutter, Frieda, war eine wirkliche alte Jungfer und ließ sich auch noch mit fünfzig Jahren als Fräulein Andresen vorstellen. Über zehn Jahre älter als meine Mutter, litt sie unter epileptischen Anfällen, was uns Kinder schrecklich aufregte. War meine Mutter ein ausgesprochen fröhlicher Mensch, der nie lange böse sein konnte, mitteilsam ohne jede Klatschsucht, so war Tante Frieda immer mucksch. Sie lachte ganz selten – und wenn, dann erschraken wir vor der Grobheit ihrer Stimme. Hatte man sie gekränkt, oder bildete sie es sich auch nur ein, so blieb sie über Monate böse und betrat unsere Wohnung nicht. Uns Kinder liebte sie auf ihre Weise. Waren wir schon ins Bett gegangen, so erschien sie ganz bestimmt im dunklen Zimmer und klopfte meiner Schwester und mir mit ihren harten Händen auf Wangen und Arme, uns so eine gute Nacht wünschend. Jedes Weihnachten baute sie uns in unserem Kinderzimmer einen winzigen Weihnachtsbaum aus grünem Papier mit roten Wachskerzlein auf, legte die Geschenke, meist wundervolle Spitzenkragen und Manschetten, dazu und war für

Die Mutter.
Lotte Spira-Andresen: geboren 1883 in Berlin. Theater- und Filmschauspielerin. Letzte Spielstätte: Rose-Theater. 1943 in Berlin gestorben.
Die Aufnahme entstand im Jahre 1903 während eines Engagements am Operetten-Theater in Riga.
(Photo: C. Schulz, Photographisches Atelier, Riga, Nicolai Boulevard No. 3)

C. Schulz
Riga.

zwei Minuten gerührt. Das reichte dann für ein Jahr.

Als wir Kinder waren, spielte meine Mutter nicht Theater, aber sobald wir aus dem Haus gingen, nahm sie ihren Beruf wieder auf. Meine Mutter hat immer viel Sympathie bei ihren Kollegen und Freunden gehabt. Sie war nie übertrieben anspruchsvoll, nie extravagant, stets bereit zu helfen, konnte sich umstellen im Handumdrehen und besaß Humor. Nie werde ich vergessen, wie sie uns ihr Erlebnis auf einem Ball, einem der damals berühmten Pressebälle, erzählte. Sie trug ein Abendkleid, das nach der damaligen Mode einen tiefen Rückenausschnitt hatte. Ein sehr reicher Mann und der Maler Emil Orlik machten ihr an diesem Abend den Hof, und als beide ganz begeistert ihren schönen Nacken und Rücken lobten und der reiche Mann wissen wollte, welchen Sport sie treibe, und der Maler, welchen Masseur sie habe, antwortete sie in aller Unbefangenheit: „Mein Sport und mein Masseur sind die Eimer Kohlen, die ich im Winter täglich vom Keller bis zum vierten Stock trage.“

Mein Vater war für mich nie eine Respektsperson. Ich liebte ihn ohne große Anstrengungen, ohne um ihn zu leiden, ohne Vorwürfe, aber auch ohne große Anerkennung. Mein Vater, der so wenig zu Hause war, aber doch das meiste Geld, das er verdiente, in diesen Haushalt steckte, liebte meine Mutter sehr und auch uns Kinder; er hing an uns unendlich, aber er gehörte zu den Männern, die es zu Hause nicht aushalten können. Seine Vorliebe, mit dem Theater alleine zu leben, war nur eine Liebe. Er konnte sich durchaus in noch andere Lieben teilen, und so gehörte eine seiner Lieben dem Spiel. Er war ein echter Spieler, und es war für meine Mutter nicht immer leicht. Er wollte ein bürgerliches Leben führen und wünschte, daß seine Kinder ihn achteten. Aber gerade er brachte uns dazu, ein Boheme-Leben zu führen. Wenn er im Spiel gewonnen hatte, so fuhren wir manchmal überraschend fort.

Meine Mutter erschien in der Schule und klopfte an die Klassentür, bei meiner Schwester oder bei mir, egal, sah auf reizende Weise den Lehrer oder die Lehrerin an, und mit all ihrem Charme und in ihrer ganzen Schönheit sagte sie: „Schauen Sie, es ist so schönes Wetter jetzt, und wir möchten gern, mein Mann und ich, ein wenig verreisen. Und da wollen wir die Kinder mitnehmen. Also darf ich bitten, daß Sie die Steffie und die Camilla freundlicherweise dispensieren für etwa eine Woche."

Die Lehrer waren vollkommen überrascht von Mamas Ansinnen. Mama war auch immer wunderschön angezogen, und sie bewirkte, daß die Menschen sie voller Achtung und Bewunderung anschauten und nicht so schnell begriffen, um was sie da eigentlich bat.

Wenn der Papa viel Geld gewonnen hatte, so fuhr meine Mutter mit uns erst einmal in einem Taxi ins KaDeWe, und wir kauften schöne Sachen ein. „Wißt ihr", sagte meine Mutter, „bevor der Papa alles wieder verspielt, wollen wir jedenfalls etwas Hübsches davon haben." Wir brachten auch für den Papa ein schönes Hemd oder Krawatten mit. Dann wurde alles gepackt, und wir fuhren weg. Wir fuhren immer ganz vornehm erster Klasse.

Das Schlimme war, daß fast jedesmal, um wieder nach Hause zu kommen, meine Großtante, die in der Wohnung blieb, und die als einzige noch Geld hatte, angepumpt werden mußte, damit wir dann dritter oder gar vierter Klasse zurückfahren konnten, denn der Papa hatte alles Geld verspielt. Für meinen Vater waren diese Ausflüge auch nur möglich, wenn er für ein paar Abende im Theater frei hatte.

Mein Vater hat sehr schöne Rollen gespielt. Er war ein gesuchter Schauspieler, weil er durch seinen österreichischen Dialekt und sein gutes und elegantes Aussehen, mit seinem charmanten, echt wienerischen Wesen auf der Bühne große Wirkung erzielte. Er konnte aber ebensogut auch ernste Rollen spielen. Nur leider zwang ihn seine Art zu leben, eben unbedingt darauf zu schauen, daß er Geld verdiente. Das Geldverdienen war für ihn sehr wichtig, denn – wie gesagt – er konnte es auch im große Stile ausgeben. Er war ein fleißiger Mann, der während der Sommermonate auf Gastspiele ging oder selber ein Theater in Berlin leitete.

Er liebte es bis zur Eitelkeit, sich gut zu kleiden, und fühlte sich glücklich, als er es sich leisten konnte, täglich, ja sogar zweimal am Tag, Hemd, Schlips, Strümpfe und Schuhe zu wechseln. Er besaß nicht nur den einen, sondern noch einen zweiten Kleiderschrank. An den Abenden war es unsere Aufgabe, und damit beschäftigte er, bevor er ins Theater zur Vorstellung ging, die ganze Familie, durch die Wohnung zu wirbeln. Wir mußten das Hemd herausholen, die Manschettenknöpfe und den Kragenknopf einknüpfen, was besonders dann zu einer Plage wurde, wenn er den Smoking oder den Frack anzog, den Rasierapparat zurechtmachen, die Klingen mit einem eigenen Apparat, der an der Klinke aufgehängt wurde, abziehen. Wir mußten für heißes Wasser sorgen, den richtigen Schlips aussuchen und die passenden Strümpfe, ein Taschentuch in die Außen- und eins in die Innentasche des Anzugs stecken, Handschuhe und Schal zum Hut legen. Natürlich passierte allabendlich irgendeine Ungeschicklichkeit, und die Mama, die die Brote für die Pause zurechtmachte, gab uns gute Ratschläge, und alle vier, Tante Malchen inbegriffen, atmeten auf, wenn die Korridortür ins Schloß fiel.

Papa war der reizendste Gesellschafter, der charmanteste Gast, ein zärtlicher Liebhaber, aber nie ein Vater und wohl auch kein Ehemann. Er hatte ein echt cholerisches Temperament, und wir waren vollkommen daran gewöhnt, meinen Vater aus irgendeinem nichtigen Grund plötzlich beim Essen Messer und Gabel hinwerfen zu sehen und ihn seinem Unmut in einem Gebrüll, das wirklich die Wände wackeln ließ, Luft machen zu hören. Dabei wurde er niemals tätlich. Wollte sein Gebrüll kein Ende nehmen und stimmten nacheinander meine Mutter, meine Schwester und ich mit ein, so erschien Tante Malchen in der Tür, ging wortlos an die Fenster und öffnete sie weit, damit die Nachbarn eine Gratisvorstellung haben konnten. Darauf ergriff mein Vater meistens die Flucht und schrie etwas von Weiberwirtschaft.

Er war ein gutaussehender Mann. Auf der Straße blickten ihm die Frauen nach. Er war nicht größer als meine Mutter, einsachtundsechzig, glaube ich, blond, mit einem wundervoll hellen Teint, einer starken Nase, großer Stirn und einem weichen, sinnlich-großen Mund. Er war stets gepflegt und wirkte nie weibisch. Immer war er an Berliner Bühnen tätig, jedoch sein Wienerisch verlor er nie – er war ein echts Weaner Kind.

Seine Eltern hatten in der Wiener Weihburggasse ein Antiquitätengeschäft gehabt, und mein Vater war der Benjamin in der Familie gewesen. Wir haben die Großeltern nie zu Gesicht bekommen. Mein Vater hatte, gegen den Willen seiner Eltern, eine protestantische Frau geheiratet, und diese Heirat machte für die streng jüdische Familie die völlige Trennung zu einer Notwendigkeit. Mein Vater war ein wirklich rührender Sohn, und er litt unter der Verständnislosigkeit seiner Eltern. Sobald er es sich erlauben konnte, schickte er ihnen Geschenke oder Geld, um sie zu versöhnen.

Seine Eltern hatten ihn 1895 zum Handwerker, zum Tapezierer, bestimmt. Mein Vater war auch brav in die Lehre gegangen, an freien Abenden fand man ihn aber stets im obersten Rang der *Burg*, in der Trampelloge, und sein Entschluß, Schauspieler zu werden, war unumstößlich geworden. Also hatte er einem Schauspieler von der *Burg* den Leon aus *Weh dem, der lügt* vorgesprochen. Ich weiß nicht, wer dieser Mann war, aber sicher ist, daß ihm ein weitläufiger Verwandter, der Onkel Poldi Spira, ein berühmter Volkssänger, zu diesem Vorsprechen verholfen haben mußte. Mein Vater erhielt ein Lob, nur wurde ihm geraten, sich schnellstens die Halsmandeln entfernen zu lassen, damit seine Stimme größeres Volumen bekäme. Eines Morgens also, kurz entschlossen, ging er in ein Spital. Er wurde auch sofort operiert, ohne Narkose. Danach marschierte er pflichtschuldig zu seinem Tapeziermeister. Der brave Mann aber, als er meinen Vater Blut spucken sah, schickte ihn sofort nach Hause. Die Mutter war erst bleich vor Schreck, als sie aber erfuhr, der Sohn wolle Schauspieler werden, regnete es Kopfnüsse, und es wurde ihm mit Hinauswurf gedroht, wenn er es wagen sollte, seinen Vorsatz durchzuführen. Zum Glück war der Tapeziermeister ein prächtiger Mann. Er ließ meinen Vater, wenn er auch nur zwei Stunden gearbeitet hatte, frei, damit er ins Konservatorium laufen konnte. Als mein Vater dann statt seines Gesellenbriefs das Schauspielerexamen vorlegte, fielen seine Eltern aus allen Wolken. Trotzdem blieben sie bei ihrer Meinung, Schauspieler sei ein entehrender Beruf für einen Mann, ein Schandfleck für die Familie. Zum Glück bekam mein Vater sofort ein Engagement als jugendlicher Liebhaber nach Olmütz. – Das ist die einzige Jugendgeschichte, die ich von meinem Vater selbst gehört habe. Er hat nie von seiner Kindheit und nur sehr wenig von seinem Elternhaus erzählt.

Mein Vater war kein religiöser Mensch, aber es wäre unmöglich für ihn gewesen, am Jom Kippur nicht in den Tempel zu gehen und ebenso Neujahr. Ich habe ihn zu Weihnachten immer ganz besonders glücklich gesehen, wenn er die Kerzen am Baum ansteckte; aus Rücksicht auf den Glauben meines Vaters wurde nur *O Tannenbaum* gesungen, das aber mit großer Begeisterung. Dann waren meine Schwester Camilla und ich verpflichtet, Gedichte aufzusagen. Es brauchten nicht unbedingt Weihnachtsgedichte zu sein, aber sie mußten eine gewisse Länge haben. Für meinen Vater war das der Prüfstein unserer geistigen Reife, und ich bin überzeugt, er hat viel, viel früher als wir gewußt, daß auch wir zum Theater gehen würden. Um unsere Gedichte herzusagen, mußten wir uns auf das Sofa stellen – um so wenigstens ein klein wenig

Der Vater.
Fritz Jacob Spira: geboren 1879 in Wien. Ebendort ausgebildet. Erstes Engagement in Olmütz. Theater- und Filmschauspieler sowie Operettensänger in Berlin.
1901 an Max Reinhardts Kleinkunstbühne „Schall und Rauch". 1903 in der Rolle des Aljoschka in der deutschen Erstaufführung von Gorkis „Nachtasyl" an Reinhardts Kleinem Theater.
Engagements am Theater in der Königgrätzer Straße, Lustspielhaus, Lessingtheater, Theater in der Nürnberger Straße, Metropoltheater. Sommerdirektor des Walhalla-Theaters.
1943 von den deutschen Faschisten umgebracht im Konzentrationslager Ruma bei Rijeka (Jugoslawien).

den Abstand zum Publikum zu markieren. Weder die Mama noch er übten die Gedichte mit uns ein. Wir mußten sie selber erarbeiten und beileibe nicht nur aufsagen, sondern durchaus gestalten. Wir brauchten dazu auch gar keine Anleitung, denn wir hatten beide genug Phantasie.

Sehr wichtig war es, dem Papa die Rollen abzuhören. Als wir klein waren, tat das meine Mutter, aber als wir einigermaßen flott lesen konnten, mußten wir beide ran. Oft interessierte uns das Stück mächtig, aber es gab nur ausgeschriebene Rollen mit Stichwörtern, die wir dann zu lesen hatten. Da uns der Papa aus Prinzip – er fand, wir brauchten nicht so früh schon alles zu wissen – nie etwas von den Stücken erzählte, blieb es uns selbst überlassen, uns eine Handlung zu dem Gehörten auszudenken.

Wir Kinder kamen erst ziemlich spät dazu, im Haus Theater zu spielen. An den langen Winterabenden, damals war noch Krieg, saßen wir meistens in der Küche. Natürlich ohne den Papa, er kam höchstens in die Küche, um topfzugucken oder das Beinfleisch von den Knochen zu nagen, und ganz selten, wenn es eine gab, tranchierte er die Gans. So saßen wir vier, oder auch nur wir drei, denn auch die Mama war nicht immer zu Hause, in der Küche und amüsierten uns mit ausgedachten Spielen.

Eines der beliebtesten war: Einer: „Der Papst ist tot!" Anderer: „Der Papst ist tot? Woran ist er denn gestorben?" Einer: „Am Pips!" Dieses Stück in vier Sätzen wurde von meiner Schwester und mir in allen denkbaren Variationen gespielt. Voller

Dramatik und Erschütterung als gläubige Priester, voller Ironie und Satire als Marktweiber, sogar den Naturalismus spielten wir bereits, wenn wir unsere Hauswirtin Frau Diebel und Frau Tharun, eine Mieterin, die mit Goldreif im Haar auf Sandalen durch das Haus latschte, mit diesen vier Sätzen ausstatteten.

Tante Malchen war eine dankbare Zuhörerin und fiel angenehm auf, weil sie uns nie korrigierte oder hineinredete, sondern sich ehrlich amüsierte. Wir spielten überhaupt gern, was wir aus den Gesprächen der Erwachsenen aufgeschnappt hatten, fast nie Geschichten aus Büchern und immer mit vorgestellten Gegenständen. Ein beliebtes Spiel war Bahnwärter am Schrankenübergang. Dazu brauchten wir nur den Teppichklopfer, der als Signalstab diente. Eine war der Schrankenwärter und die andere die Person, die noch gerade durch die Sperre sausen wollte oder auf den Gleisen lief oder was sonst noch. Der Teppich – am besten spielte es sich auf dem Korridor, wo der Läufer lag – galt als Schienenstrang. Besonders das Herablassen der Schranke gefiel uns, weil allein schon das Bim-bim ein Hauptvergnügen war. Eine richtige Geschichte spielten wir auch, und zwar nichts geringeres als *Die Sintflut*; bald waren wir Noah, bald eines der Tiere, das Noah retten wollte. Als Arche diente das Sofa im Herrenzimmer und ein aufgespannter Schirm als Zelt der Arche.

Nahmen wir mal unsere Schulkolleginnen mit nach Hause, so standen sie völlig fassungslos vor unseren Aktivitäten, störten uns nur durch ihr blödes Lachen oder fanden es dumm, daß wir nicht mit unseren Puppen oder dem Kaufmannsladen spielen wollten. Wir duldeten nur geladene Zuschauer und waren empört, wenn wir merkten, daß Malchen heimlich durch die Glastür luchste und gar noch irgendeinen Gast bei sich hatte.

Nur Ruthchen Diebel, die Tochter des Hauswirts, war eine treue Spielgefährtin, denn sie hatte Humor und brachte die Spiele immer auf eine komische Note, während wir beide mehr in die Tragödie oder Burleske rutschten, wenn man so etwas von so kindlichen Spielen sagen darf. Bestimmte Personen spielte Ruthchen sogar zu unserer großen Bewunderung, so eine Krankenschwester, die einen Verwundeten auf der Heimreise begleitete und sich in ihn verliebte. Sie machte das mit so viel Charme und Komik, daß ich, der Zugkontrolleur, fast aus der Rolle fiel.

Da Ruthchen unter uns wohnte, waren wir auch öfter bei ihr, in ihrem Kinderzimmer. Als wir aber einmal die gerade beschriebene Szene gespielt hatten, wurden wir von ihrer Mutter gestört; die brachte uns, in bester Absicht, ein Mulltuch, auf das sie mit Lippenstift einen roten Klecks gemalt hatte, weil sie meinte, der Verwundete müsse eine Kopfverletzung haben. Wir waren für ewig beleidigt, denn wir lehnten jede Einmischung von Erwachsenen ab, auch grauste es uns vor so einer schrecklichen Wunde. Camilla war immer, entweder leicht humpelnd auf einen Stock gestützt oder mit einem Arm in der Binde, unser Verwundeter.

Damals war ich neun, Ruthchen zehn und meine Schwester elf Jahre. Das Spiel und die

Grundhaltungen der Personen wurden vorher besprochen, was dann geschah, war oft etwas ganz anderes, als wir uns vorgenommen hatten; es störte uns aber nicht, und jeder spontane Einfall wurde vom anderen aufgegriffen und fortgesponnen. Nie hatten wir Diskussionen. Die einzige Auseinandersetzung gab es, als Camilla und Ruthchen, beide als Prinzessinnen, sich nicht einigen konnten, wessen Kleid mit Rubinen und wessen mit Smaragden besetzt war. Der Streit ging damit zu Ende, daß beide ihre Schürzen abzogen und nun, da ja die Muster auf den Schürzen den Streit hervorgerufen hatten, in schlichtem Diamantschmuck gleichwertige Prinzessinen waren.

Die Spiele hörten auf, als meine Schwester durch die Schule zu sehr in Anspruch genommen wurde und plötzlich auch mich zu klein und sich zu groß fand, um noch Zeit dafür zu haben.

Die Mama spielte gern Klavier. Der Papa konnte es sich nicht leisten, ihr ein Klavier zu kaufen, aber er mietete eins, das jedes Vierteljahr bezahlt werden mußte. Oft hatte der Papa das Mietgeld da, sehr oft aber mußte Onkel Friedemann, wie wir ihn nannten, wiederkommen. Er war ein kleiner Mann mit einem leichten Buckel, einem Spitzbart und einem großen dunklen Hut, der ihn noch kleiner machte. Meine Schwester und ich riefen, wenn wir ihn hereinließen: „Der Onkel Friedemann ist da und braucht das Geld." Allzuoft passierte es aber, daß wir dem Onkel Friedemann sagen mußten, die Mama habe kein Geld dagelassen oder es sei überhaupt keins im Haus. Dann kamen die Möbelpakker von Friedmann & Weber, wo diese Mietklaviere herstammten, und mußten das Klavier die vier Treppen wieder hinuntertragen. Ich weiß noch, daß sie manchmal sagten: Könnt ihr euren Vater nicht mal bitten, daß er euch endlich ein Klavier kauft? Und natürlich, dieses Herauf und Hinunter von einem Klavier vom vierten Stock bis auf die Straße war ein nicht gerade besonders schönes Erlebnis für uns Kinder. Natürlich sagten die Mieter, die sehr nett zu uns waren, nichts, aber wir waren immer die bunten Hunde. Darunter lag auch ein gewisser Hohn, daß wir zu hoch hinauswollten und doch eigentlich nur sehr bescheiden mitmachen konnten. Auch mußte ich des öfteren, beim Schlächter oder wo wir sonst einkaufen gingen, anschreiben lassen. Mich hat das nicht sehr getroffen, aber bei meiner Schwester ging es tiefer.

Als sie fünfzehn war, da war ihr ganz klar, was sein sollte, wenn sie erwachsen wäre. Sie sagte: „Also weißt du, ich werde nur ganz reich heiraten, damit mir so etwas nicht passiert." Schon damals war ich, was weiß ich warum, um dem Onkel Wilhelm treu zu bleiben, vielleicht auch durch die Zeitungen, die ich bereits las, beeinflußt. So sagte ich: „Nein, nein, man muß die Welt so machen, damit so etwas nicht vorkommt, daß der eine viel Geld hat und der andere gar nichts."

Wir sind diesen beiden Maximen, jede ist der ihren gefolgt. Das ist vielleicht kein Zufall, daß man schon sehr früh weiß, wohin man gehen will.

Als wir noch klein waren, hockten wir oft in der Stube meiner Tante. Wir hatten dort Hutschen; das sind kleine Bänkchen, die man an den Ofen stellen kann. Im Gegensatz zur Wohnung meiner Eltern, die sich ganz neu eingerichtet hatten, als sie 1914 eingezogen waren, beherrschten ihr Zimmer die schönen Möbel des ausgehenden Biedermeier. Auch roch es ganz besonders und anders als sonst in der Wohnung. Wenn Tante Malchen in der Weihnachtszeit die Glasschranktür aufmachte, strömten Gerüche von guter Seife, Eau de Cologne und Pfefferkuchen heraus.

Das Verhältnis meiner Eltern zueinander war nicht immer harmonisch. Meine Mutter wie auch mein Vater waren in ihrem Liebesleben nicht genügend ausgefüllt. Es kam vor, daß meine Mutter aus irgendeinem Streit mit meinem Vater oder auch aus anderen Gründen ihren Koffer packte und sagte: „Ich ziehe hier aus." Und wirklich verschwand.

Dann stürzten wir beide, meine Schwester und ich, in das Zimmer der Großtante, setzten uns auf die Hutschen und weinten: „Die Mama ist weg, die Mama ist weg." Doch Malchen sagte ganz ruhig, auf ihre altberlinerische Weise: „Nu weent man nich, nu weent man nich, se kommt ja wieder." Und wirklich – immer kam die Mama wieder. Sie blieb nie lange weg. Das höchste waren zwei oder drei Tage. Dann erschien sie lachend, umarmte und küßte uns und war durchaus wie immer. Sie hat niemals irgendwelche Sentimentalitäten an uns Kindern ausgelassen. Wir waren ihre liebenswürdigste Verpflichtung, die sie auf sich nahm, ohne sich durch anderes abhalten zu lassen.

Ich bin erst mit sieben Jahren eingeschult worden, weil ich so entsetzlich dünn war. Meine Schwester ging damals schon drei Jahre in die Schule. Unsere lag nur einen Quader oder ein Karree, wie man in Berlin sagt, von unserer Wohnung entfernt. Man lief die Koblenzer Straße hinauf, bog in die Mainzer Straße ein, dann in die Weimarische, und da war es, das Vierte Lyzeum, wie es damals hieß, heute heißt es nach Marie Curie. Ich kannte diesen Weg schon, denn ich hatte meine Schwester oft von der Schule abgeholt, und so klein war ich ja auch nicht mehr, ich zählte schließlich schon sieben Jahre! In der ersten Stunde bei der Lehrerin, die ich drei Jahre lang zur Klassenlehrerin hatte, einer reizenden Frau, die immer nett zu uns war, haben wir gleich irgend etwas gesungen. Es war 1915, der Krieg war da, wenn auch noch nicht so hart und ernst, aber er war immerhin da. Meine Mutter lebte mit uns allein, mein Vater, der Österreicher, stand als Soldat in Rumänien.

Ich erwartete nicht, daß die Mama mich abholen würde oder daß ich eine der berühmten Tüten bekäme, die den Kindern, wenn sie zum erstenmal aus der Schule herausstürzen, von ihren Eltern in die Arme gelegt werden. Ich glaubte, ich sei schon zu groß dafür und außerdem sei die Schule für mich nichts besonderes Neues. So lief ich ohne Erwartung aus dem Schulportal, guckte mich nicht um, lief den Weg nach Hause und meine vier Treppen hoch zu unserer Wohnung, und Frau Palm, unsere Haushaltshilfe, machte auf. Sie sah mich an und sagte: „Nanu? Hast du denn deine Mutter nicht getroffen?"

Ich war ganz erstaunt und ging in unser Kinderzimmer und war auch ein bißchen betrübt und traurig. Kurz darauf kam meine Mutter mit der großen Tüte, und sie hatte Tränen in den Augen, als sie sagte: „Das ist immer dasselbe mit dir, du bist so schrecklich selbständig."

Ich war dreizehn Jahre alt. Kurz vor der Versetzung kam der Schulrat in unsere Klasse. Zum Geschichtsunterricht. Fräulein Siebert gab ihn. Sie mochte mich, weil ich ungewöhnlich gerne und viel las und mich also auch in Geschichte gerne beteiligte. Der Schulrat, ein kleiner Mann mit Brille und Bart, wollte etwas über die alten Griechen wissen, wirklich „alte" Griechen, nämlich Philemon und Baucis. Die Klasse saß stumm da. Fräulein Siebert sah in die Runde, ziemlich verzweifelt. Da meldete ich mich.

In den *Klassischen Sagen des Altertums* hatte ich gerade diese Geschichte gelesen, die mir sehr gefiel, weil sie mit der Vorstellung von Gemeinsamkeit, die ich hatte, gut zusammenklang. Ich legte also los. Zum Staunen des Schulrats, meiner Lehrerin und der ganzen Klasse. Ich ließ den Baum, unter dem die beiden Alten saßen, eine Zeder sein, und beschrieb ihr Äußeres. Wie sie gemeinsam in die untergehende Sonne sahen, und was der Phantasiegebilde mehr waren. Der Schulrat, außer sich vor Freude über meinen Vortrag, bedankte sich bei der Lehrerin und bei mir. Ich hatte die Ehre der Klasse, ja, der Schule gerettet.

Zur Versetzung sahen meine Schulergebnisse allerdings nicht so rosig aus. Wie immer war Mathematik meine Achillesferse, Geometrie war noch schlimmer. Da ich bis heute nicht imstande bin, auch nicht mit dem besten Lineal, eine gerade Linie zu ziehen, stimmten die lieben Dreiecke, Rhomben oder Kreise nie. Für die Versetzungsarbeit in Mathe bekam ich eine glatte Vier. Auch in Orthographie und Nadelarbeit. Es reichte nicht für die Versetzung. Wie aber konnte man dem Schulrat, der extra um mein Zeugnis gebeten hatte, eine solche Schmach unterbreiten. Ich bekam den Satz unter mein Zeugnis: „Versetzt wegen geistiger Reife!"

Fräulein Arendes, unsere Klassenlehrerin, verteilte die Zensuren. Meine liebe Nachbarin auf der Bank, Eva Menz, wurde nicht versetzt. Sie war groß, dunkelblond, trug immer Matrosenkleider, weiße Strümpfe und schwarze Schuhe, auch eine schwarze Schleife im fest nach oben gebundenen Haar. Sie war so fleißig, so brav, aber das Lernen machte ihr Schwierigkeiten; sie meldete sich nie. Verschüchtert und ganz leise saß sie neben mir. Man hatte mich zu ihr gesetzt wegen meiner Quecksilbrigkeit. Eine sollte auf die andere wirken, aber der Effekt blieb aus. Ihre Eltern, die eine Drahtfabrik besaßen, waren strenge Protestanten,

Die Schwestern Camilla und Steffanie, sechs und vier Jahre alt.

die ihre Tochter hart straften, wenn sie schlechte Zeugnisse nach Hause brachte. Sie saß schluchzend neben mir. Noch drei weitere Schülerinnen hatten das Ziel der Klasse nicht erreicht. Auch sie natürlich sehr unglücklich.

Fräulein Arendes war hinausgegangen, da zum Abmarsch in die Aula noch Zeit blieb. Nach jedem Jahr wurde die Klasse, die abging, mit einer Ansprache des Direktors und dem Gesang des Chores, im Beisein der Eltern und in Gegenwart aller Schüler verabschiedet. Was tat ich? Ich sprang aufs Katheder und hielt eine Rede. Der Inhalt? Was ist schon ein weiteres Jahr in derselben Klasse? Für das Leben ein Klacks. Wer fragt einen schon, wenn man erwachsen ist, ob man sitzengeblieben ist, ob das Benehmen „sehr gut" oder nur „genügend" war? Alles Unsinn. Was man später tun wird, das entscheidet.

In meiner mit Temperament vorgetragenen Rede hatte ich natürlich nicht bemerkt, daß Fräulein Arendes schon eine ganze Weile, in der offenen Tür stehend, zuhörte. Als ich stolz vom Katheder gehen wollte, stand sie plötzlich vor mir. Mit leiser, aber vor Aufregung beinahe heiserer Stimme sagte sie: „Du gehst auf der Stelle zum Direktor und erzählst ihm, was du eben gesagt hast. Aber bitte wörtlich! Wahrscheinlich brauchst du dann nicht mehr mit in die Aula zu kommen!"

Die Klasse, die mir eigentlich zuklatschen wollte, wurde zu einem Eissee, keine Regung. Ich starrte in die sehr blauen, aber sehr kalten Augen meiner Lehrerin, brachte kein Wort der Entschuldigung heraus, ging zur Tür, durch den Korridor bis zur großen breiten Treppe, die zwei Etagen hinunter ins Parterre und stand vor dem Zimmer des Direktors Dr. Strohmaier.

Es war das Jahr 1921, die Weimarer Republik existierte. Man versuchte, im Schulwesen neue Töne anzuschlagen, setzte auch, wenn das Alter erreicht war, die Schuldirektoren ab, die zu kaisertreu gewesen waren. So hatten auch wir seit kurzem einen neuen Direktor. Er war sehr viel jünger als der alte, an den ich mich nicht mehr erinnere. Dr. Strohmaier sah gut aus, viele Mädchen fanden ihn „Klasse". Ich selber bin, bis in mein Alter, davon verschont geblieben, sogenannte „höher stehende Personen" anzuhimmeln oder auf Backfischweise zu verehren. Mir war mein Direktor nicht mehr und nicht weniger als ein Mann, dem ich Respekt entgegenbrachte. Als ich vor ihm stand, schämte ich mich, aber nicht etwa für das, was ich gesagt hatte, sondern deshalb, weil ich seine kostbare Zeit, so kurz vor der Rede, in Anspruch nahm.

Ohne einen Gedanken auszulassen, erzählte ich ihm den Inhalt meiner Ansprache. Er hörte zu, ein bißchen amüsiert, das merkte ich schon, stand dann hinter seinem Schreibtisch auf, kam zu mir, sah mich ernst an und sagte: „Ich bin ganz deiner Meinung, aber leider, es gehört sich nicht in einer Schule, die die Aufgabe hat, den Lerneifer der Kinder zu steigern und ihr Pflichtbewußtsein zu heben. Ich muß dir einen Tadel aussprechen, und du mußt nach der Feier zu Fräulein Arendes gehen und dich entschuldigen. – Was macht übrigens deine Frau Mutter?" Ja, meine Mutter! Wer konnte einer so schönen, liebenswürdigen Frau widerstehen? Indem ich mitteilte, daß es meiner Mutter gut ginge, machte ich einen Knicks und verschwand. Den Tadel nahm ich nicht so ernst, aber die Entschuldigung! Sie zeigte mir deutlich die Abhängigkeit und den Zwang zu katzbuckeln, da, wo man eigentlich Recht hat.

Nach der Feier – man mußte sich sowieso von der Klassenlehrerin verabschieden, da es vierzehn Tage Ferien gab – wartete ich, bis alle anderen Kinder gegangen waren. Ich gab meiner Lehrerin nicht die Hand, machte einen großen Knicks, was ich gut konnte, und flüsterte im langsamen Aufsteigen meine Entschuldigung.

Das ist die erste Geschichte, wo ich im Trab der Schaukelpferde mit der Bewegung des Reitens nach vorn ging. Schaukelpferde können durch einen leichten Schubs nach vorn galoppieren, erhalten einen Nasenstüber, und ab geht es nach hinten. Mit den Beinen aber haben sie keinen Schritt gewagt.

Märchen machten einen tiefen Eindruck auf mich. So wollte ich das Marienkind sein, weil ich fest davon überzeugt war, daß ich den verbotenen Schlüssel nicht benützen würde und die Frau Maria nicht betrüben – die natürlich in meinem Wunschdenken wie meine Mutter aussah. Als ich größer wurde, erschien mir die begehrteste Person das Märchen, die Tochter der Königin Phantasie, aus Wilhelm Hauffs schönem Märchen zu sein. Natürlich hat diese Geschichte einen kritischen Zeithintergrund, den ich damals nicht ahnte. Mir erschien es wichtig, die bösen, langweiligen Wächter zu überwinden, um zu den Dichtern und Kindern zu gehen und ihnen Märchen zu erzählen.

Wir hatten Hauffs Märchen in einem dicken Band, in graues Leinen gebunden mit schönen Farbillustrationen. Die besten Bilder gehören in meiner Erinnerung zu den Märchen *Das kalte Herz* und *Saids Schicksale.* Einmal auf einem Delphin über die Meere reiten, einmal dem Schatzhauser im grünen Tannenwald begegnen – die tollsten Hoffnungen meiner Jugend. Alle Märchen der Sammlung *Das Wirtshaus im Spessart,* auch die für unser Alter etwas fragwürdige Novelle *Die Bettlerin vom Pont des Arts* und die Erzählung *Der Mann im Monde* machten auf meine Schwester und mich tiefen Eindruck. Ein „jungfräulicher Alabasterbusen" erschien mir als das höchste Ziel der Weiblichkeit. Als sich bei meiner Schwester durchaus schon so etwas wie ein Busen abzeichnete, bat ich sie einmal vor dem Ins-Bett-Gehen, doch damit zu wogen. Sie schämte sich zwar ein bißchen, aber sie versuchte es.

Ein Buch, das wir unter dem Weihnachtsbaum fanden und das meiner Schwester und mir ganz besonders gefiel, war *Die Familie Bonnet.* Übersetzt aus dem Französischen, mit Vignetten auf fast jeder Seite. Diese Bildchen, immer schön in der Mitte gedruckt, am Anfang eines Kapitels, zeigten die Kinder und ihre Umgebung. In reizenden Kleidern, mit langen Höschen und schönen Schutenhüten mit Blumen drauf, Schultertüchern, Pompadours und Sonnenschirmen. Kleine und große Hunde. Auch schön geschnittene Gartenhecken, ein großes Haus mit Kaminen. In den Geschichten waren die Kinder für unsere Begriffe zwar zu brav, aber die Harmonie der Familie, in der alles so geregelt lief, machte auf uns großen Eindruck.

Meine Mutter war für mich ein Vorbild, wegen ihrer menschlichen Qualitäten und auch wegen ihrer Schönheit. Als ich achtzehn Jahre wurde, sagte sie mir am Geburtstagsmorgen: „Bis zu diesem Tag war ich für dein Gesicht und überhaupt für dich verantwortlich, jetzt schau zu, wie du dein Leben selber gestalten wirst." Keine Ermahnungen, keine Vorbilder wurden gegeben. „Du selber" – das war der Auftrag. Ich habe ihn ernst genommen.

Angst: wie schrecklich! In meinem Kinderdasein hatte ich entsetzliche Angst. Ich habe immer mit viel Phantasie gelebt, da konnte ich mich eben furchtbar fürchten. Ich bin überzeugt, ich war deswegen so schrecklich dünn, weil das Fürchten so lähmend in mir steckte. Zwar hab ich mich gar nicht sehr vor Personen, auch nicht vor Strafen gefürchtet. Nie habe ich Schläge bekommen, nie wurde ich gescholten. Ich wurde heimgesucht von schrecklichen Bildern, Vorstellungen, von denen ich nicht weiß, wie sie in meinen Kopf gelangten.

Als Kind war ich oft so erregt, daß ich nachts nicht schlafen konnte. Wenn meine Eltern spät nach Hause kamen, haben sie mich nicht selten innen vor der geschlossenen Haustür gefunden, auf meinem Kopfkissen liegend. Manchmal habe ich geschlafen, manchmal lag ich aber auch wach und habe sie erwartet, voller Angst und Schrecken. Unser Kinderzimmer war verhältnismäßig groß, meine Schwester schlief auch dort, sie schlief sehr ruhig. Ich hatte das Gefühl, der Raum erschlägt mich. Ich sah riesige Augen auf mich zukommen und hatte deshalb das Bedürfnis fortzulaufen. (Die Augen, die ich sah, waren die dunkelblau glasierten, mit rundem Schmuck versehenen Ofenkacheln.)

Schon als Kind wollte ich nichts als tanzen. Mein Vater sagte: „Schön, aber das Geld für den Tanzunterricht mußt du dir selbst verdienen." Bald nachdem ich eingeschult worden war, durfte ich Unterricht in rhythmischer Gymnastik nehmen, dann eine Ballettschule besuchen, und mein Vater verschaffte mir die ersten „Engagements". So fuhr ich abends in das *Theater in der Königgrätzer Straße*. In dem Stück von Bernauer *Die wunderlichen Geschichten des Kapellmeisters Kreisler* hatte ich im ersten Akt zu tun. Ich tanzte mit anderen Eleven als Elfe um einen Brunnen herum, dann kam der Waldschrat, holte die eine Elfe, und Kreisler sah dabei zu. Das war eine einzige Szene, danach war ich fertig und mußte allein nach Hause gehen.

Eigentlich hätte ich direkt vom Theater die Straßenbahn zum Potsdamer Platz nehmen sollen – dort konnte ich in die Ringbahn steigen und bis Schmargendorf fahren oder mit der Untergrundbahn bis Heidelberger Platz –, aber ich sparte die zehn Pfennige, lief zum Anhalter Bahnhof und gab sie dort für eine Bahnsteigkarte aus. Die Theater fingen damals nie vor acht Uhr an, gegen neun kam ich auf den Bahnsteig und winkte dem Orient-Expreß zu, der gerade um diese Zeit abfuhr. Ich litt unter Fernweh und las mit ungeheurem Interesse die Namen der Städte auf den Schildern der Waggons: Wien, Budapest, Bukarest, Konstantinopel. Einmal, wußte ich, würde auch ich alle diese Städte sehen. Die Kartenkontrolleure kannten mich schon, und wenn ich dem letzten Waggon noch zugewinkt hatte und die Bahnsteigkarte bei ihnen abgab, fragten sie mich lachend, wen ich denn heute abend wieder fortgebracht hätte.

Der Weg vom Bahnhof nach Haus wurde so etwas wie ein Angsttraum, denn die Paretzer Straße war zu dieser Zeit nur auf einer Seite mit Häusern bebaut; an den anderen Bürgersteig grenzten Schrebergärten. Damals dachte ich, wenn ich mich ordentlich bewege, die ganze Straße runterhopse, wird es auf keinen Fall irgend etwas Schlimmes geben. So sprang ich im „großen Steh", das ist ein sehr schöner Sprung im Ballett, die Straße hinunter. Natürlich kamen, wovor ich mich fürchtete: Männer. Sie sahen erstaunt, wie ich, ganz normal

Das Theater in der Königgrätzer Straße, Berlin, um 1907. „Das Theater in der Königgrätzer Straße ist eine der zuverlässigsten Bühnen Berlins. Schlampigkeit und Unsauberkeit wird man selbst bei Repertoirevorstellungen selten erleben", Herbert Jhering 1919.
„Viktor Barnowsky hat in dieser toten, nur äußerlich lebhaften Spielzeit fast als einziger bisher ein Niveautheater zu führen versucht", Herbert Jhering am 3. Oktober 1925 in seiner Kritik über die Aufführung von Grabbes „Don Juan und Faust".

angezogen, die Straße entlanghopste. Sie riefen mir etwas zu, und ich rannte wie verrückt in die Augustastraße, dann über den kleinen Platz und die Hildegardstraße und hopp – in die Koblenzer Straße und zu unserem Haus. Ich konnte manchmal vor Schreck und Angst den Schlüssel nicht finden.

Im Grunde bin ich von einer großen Zutraulichkeit gewesen, ich habe mich keineswegs gescheut, mit Menschen zu sprechen, auch wenn ich sie nicht kannte. Ich hatte also keine direkte Angst vor den Menschen, dieses Rennen, Springen, Hopsen war mehr die Einsamkeit.

Es war ja auch Herbst und Winter, und ich fror ein bißchen. Meine Eltern gaben sich in dieser Beziehung nicht besonders ängstlich, ich konnte rumlaufen, wie ich wollte. Wenn ich abends wegging, guckte keiner, ob ich warm genug bekleidet sei. Wir hatten hübsche Sachen, was wir anzogen, blieb uns selbst überlassen. In diesem Frieren steckte auch Angst.

Und die Angst vor einem Mann, der da kommen könnte! In dieser ersten Nachkriegszeit war ich ja oft in der unangenehmen Situation, daß Männer mich ansprachen. Ich entwaffnete sie mit meiner Naivität, denn ich redete großartig mit ihnen, weil ich dachte, das ist das allerbeste. Sie haben nie irgendwelche Handgreiflichkeiten versucht. Dabei war ich innerlich voller Angst, aber sie bemerkten es vielleicht gar nicht.

Das ist überhaupt eine außerordentliche Eigenschaft von mir, daß ich nach außen immer kräftig, gesund und nervenstark bin, im Grunde genommen aber ein sehr dünnes Nervenkostüm habe. Das muß man ja nicht unbedingt zeigen. Es kann mich manches schon sehr zittern machen.

Selbstverletzung. Ja, natürlich. Natürlich verletzt sich der Mensch selbst. Das tut er. Und zwar tut er es wahrscheinlich aus Liebe zum anderen. Denn wenn er den verletzten würde, wäre es schlimmer, als wenn er sich selbst verletzt. Die Selbstverletzung ist kein Aufgeben seiner selbst, sondern das In-sich-selbst-Verkriechen, um dem anderen, den man liebt, nicht weh zu tun. An irgend etwas muß ja der Mensch zugrunde gehen. Wenn er sich immer nur zur Wehr setzt, und zwar mit Vergnügen zur Wehr setzt, mit Lachen, wie lange will er denn da leben?

Ich glaube, daß Feigheit sehr differenziert ist.

Ich hatte einmal ein sehr schlechtes Zeugnis. Ich mußte unbedingt im Turnen eine Eins bekommen, aber ich war keine hervorragende Turnerin. Die Lehrerin sagte zu mir: „Ja, du kannst eine Eins haben, wenn du das Kletterseil hinaufkommst und dann runterrutschst." Für Mädchen ist das Tau sehr häßlich, weil es sehr rauh ist, und die Oberschenkel von Mädchen haben ja eine sehr weiche Haut. Damals war ich noch nie geklettert, ich hatte die Bekanntschaft mit dem Tau immer abgelehnt. An den Ringen war ich gut.

Am Tau bin ich, an diesem Tag, ohne hinzusehen, nur mit dem Gefühl, was alle können, kannst du auch, bis oben hinaufgeklettert und dann hinuntergerutscht. Ich habe meine Eins bekommen.

Ich hatte zwar zerschundene Schenkel, aber das war nicht so wesentlich.

Das ist so eine Sache mit der Feigheit. Man ist feige – ich bin feige. Ich bin absolut kein Protz, aber ich habe die Einsicht, meine Feigheit zu überwinden.

Im Frühjahr 1924 fuhr ich mit meinen Eltern und meiner Schwester nach Wien. Das *Theater in der Josefstadt* wurde wieder eröffnet. Meine Schwester, schon zwei Jahre bei den Reinhardt-Bühnen in Berlin engagiert, durfte, gerade achtzehn Jahre alt geworden, im großen Eröffnungsprolog spielen. So hatte ich das Glück, bei der wirklich ersten Premiere (was es ja eigentlich gar nicht gibt) dabeizusein. Der schöne Raum in Gold und Rot, mit dem Kristall-Luster, der vor Beginn des Stückes elektrisch hochgefahren wurde, was damals eine Sensation war, bezauberte die Zuschauer von vornherein.

Egon Friedell hielt die Eröffnungsansprache, dann folgte der Prolog, und es kam Reinhardts herrliche Inszenierung von Goldonis *Diener zweier Herrn.* Die ganze Familie Thimig spielte mit: Vater Thimig den Pantalone, Helene Thimig die Smeraldina und Hermann Thimig den Truffaldino.

Camilla hatte auch einen großen Erfolg, den sie aber erst glaubte, als die guten Kritiken über sie gedruckt vorlagen. Immer, so fast bis heute, steht meine Schwester vor jeder Premiere am Rande der Verzweiflung. Lampenfieber ist eine Sache, aber auch ihr Zweifel an ihrem wirklich großen Können und an ihrer bezaubernden Ausstrahlung lassen sie immer nur das Fürchterlichste erwarten.

Für mich wurde dieser Aufenthalt in Wien zu einem Unglück. Im September sollte ich nach Dresden zu Mary Wigman in die Tanzschule gehen. Mein Traum vom Tanzen sollte Wirklichkeit werden. Meine Eltern waren einverstanden. Ich schwamm im Glück.

Wohnte in Berlin keine einzige Cousine und kein Cousin, so war die Familie in Wien riesengroß. Papa hatte noch sieben verheiratete Geschwister, alle mit Kindern. Ich wohnte bei Onkel Siegfried und Tante Gisela direkt am Franziskanerplatz. Sie hatten vier Kinder, Edith, Fritzi, Mizzie und den Sohn Curt. Selbstverständlich machten wir Spaziergänge. Da geschah das für mich schreckliche Mißgeschick.

Wir, vielleicht fünf oder sechs Spira-Kinder im Alter von zwölf bis sechzehn Jahren, hatten die Idee, den Kobenzl hinunterzulaufen bis zu einer bestimmten Kehre. Jeder wollte der erste sein, so liefen wir natürlich nicht die Wege, sondern quer durch den Wald. Ich stürzte über eine Baumwurzel und fiel so unglücklich, daß ich nicht aufstehen konnte. Man half mir auf, mein linkes Fußgelenk fing an zu schwellen; bis wir nach Hause kamen, sah es wie ein Elefantenfuß aus. Der Arzt wurde gerufen. Er stellte einen Sehnen- und Kapselriß fest, fatschte, wie man in Wien so schön sagt, meinen Fuß in einen Zinkleimverband ein, und aus war es mit dem Tanzen. Noch heute spüre ich die Schwäche in diesem Fuß; laufe ich zuviel, knicke ich um und habe wieder ein dickes Fußgelenk.

Meine Verzweiflung war tief, und sie hält an bis auf den heutigen Tag. Tanzen ist und bleibt für mich die einzige wirklich kreatürliche Kunst. Der Mensch läßt seinen eigenen Körper zur Kunst werden. Nie habe ich das klassische Ballett geliebt, diese eingehämmerte Unnatur, auf den Zehenspitzen zu laufen. Schweben kann man auch mit seinen Füßen auf der Erde. Mit herrlichen Sprüngen den Raum durchmessen, mit klappernden Absätzen den leidenschaftlichen Rhythmus des Tanzes begleiten und dazu „Musik und immer wieder zu der Seele redende".

Als der Fuß wieder in Ordnung war, fuhr ich allein zurück nach Berlin, zu meiner Großtante. Es gab noch eine kurze Episode im Eulengebirge, wohin mich meine Eltern schickten, damit ich Hauswirtschaft lernte, um später vielleicht einen Gutsbesitzer zu heiraten. Die ganze Geschichte hielt ich für verrückt und rückte aus, zurück nach Berlin, wieder zu Tante Malchen. Jetzt sollte ich Stenographie und Schreibmaschine lernen. Der Lehrer im Nebenhaus, Koblenzer Straße, kannte mich von kleinauf. Ich sollte als erstes einen Bewerbungsbrief schreiben. Der Inhalt wäre ausgezeichnet, aber: „Die Schrift, damit stellt dich niemand ein." Ich schrieb an meine Eltern: Wenn ich für alles zu dämlich bin, werde ich Schauspielerin.

Mein Vater kam aus Wien zurück, die Mama blieb dort bei Camilla. Papa begleitete mich zu Ilka Grüning und Lucie Höflich, zwei berühmte Schauspielerinnen, die zusammen wohnten und Schauspielunterricht gaben. Ich sprach einen Monolog der Mirza aus Grillparzers *Der Traum ein Leben* vor und Goethes Gedicht vom *Erlkönig*. Beide Frauen fanden mich begabt, wollten mir auch gern Unterricht geben. Aber sie mußten erst auf eine Tournee der Reinhardt-Bühnen nach Amerika; in einem Vierteljahr sollte ich kommen.

Meinem Vater dauerte das zu lange. Er meinte, ich brauchte sofort eine Ausbildung. Die GDBA, die *Genossenschaft Deutscher Bühnen-Angehöriger*, eröffnete im September eine Schauspielschule; das, fand mein Vater, sei das Richtige für mich. Heinz Goldberg leitete die Schule, ein Conrad-Veidt-Typ mit Intelligenz, Überzeugungskraft, aber auch einem Benehmen, das ihn sofort als „Schauspieler" auswies, was ich gar nicht leiden konnte.

Im Haus der Genossenschaft hatte die Schauspielschule Platz gefunden. In ein paar großen, geräumigen Zimmern wurden Sprech- und Gesangsunterricht abgehalten, auch Szenen probiert. Ein kleiner Saal mit Podiumsbühne gab die Möglichkeit zur Gymnastik, zum Fechten und natürlich zum Szenenstudium. Mein Vater ging mit mir, um mich Heinz Goldberg vorzustellen. Ich war im Juni sechzehn Jahre alt geworden. Die beiden Männer wollten erst allein miteinander sprechen. Schickten mich also in den Saal, wo ich gleich mal zuhören sollte. Zitternd setzte ich mich in die letzte Reihe.

Auf der Bühne stand ein junger Mann, er sprach den Monolog des Mortimer aus *Maria Stuart* vor. „Ich zählte zwanzig Jahre, Königin ..." Und wirklich, älter war dieser Mortimer selber nicht. Mich bezauberte seine schöne tenorale Stimme, sein kluges Gesicht, seine schlanke Gestalt und die Art, wie er diesen Monolog vortrug, der doch gerne so pathetisch gesprochen wurde. Er erlebte die Situation, aber er prahlte nicht mit ihr. Bis heute kann ich mir darüber keine Rechenschaft ablegen, warum ich vom ersten Moment an das Gefühl hatte: Das ist der Mensch, der zu dir gehört. Günter Ruschin.

Günter hat neununddreißig Jahre lang mein Leben begleitet. Geboren wurde er am 16. Juni 1904 in Pasewalk, als drittes Kind der Familie: Irma, Curt und Günter. Vater Ruschin besaß ein Geschäft am Marktplatz in einem Haus, das ihm gehörte. Im Geschäft gab es vor allem Kleidung, Stoffe und auch Wäsche zu kaufen. Die fromme jüdische Familie lebte schon lange in der Ackerbürgerstadt Pasewalk, die hauptsächlich durch das Kürassier-Regiment berühmt geworden ist.

Der Großvater mütterlicherseits, Ascher Arndt, war Viehhändler in Pasewalk gewesen. Günter erzählte reizende Geschichten von ihm. Immer hatte der Großvater eine kleine Buddel Schnaps in der Hosentasche, die er in einer Kneipe füllen ließ. Er sang schon am Morgen, und er reiste für sein Leben gern. Immer zog es ihn aus seiner kleinen Stadt hinaus, bald erschien er bei seiner Schwester in Stettin, bald besuchte er seinen Sohn in Dresden. Später fuhr er auch oft nach Berlin, wo er ebenfalls Verwandte hatte. Das Lustige an seinen Reisen: er blieb höchstens zwei bis drei Tage und brach seinen Aufenthalt jedesmal mit demselben Satz ab: „Daß ihr zu essen und zu trinken habt, sehe ich, gesund seid ihr auch, da kann ich also wieder abfahren." Sprach's und tat es.

Günter hat sich mit diesem Großvater besonders gut verstanden. Zu seinem Vater hatte er keine so liebevolle Beziehung; wie fast alle Söhne liebte er seine Mutter. Rosa Ruschin-Arndt war, wie man zur damaligen Zeit sagte, eine stattliche Frau. Schönes krauses schwarzes Haar, dunkle braune Augen, die stets schimmerten, was ihr sicher einen sinnlichen Reiz gab. Einen festen Körper, einen offenen Kopf, der das Denken liebte. Ihrem Mann war sie weit überlegen, als gute jüdische Frau aber fügsam, wo sie besser daran getan hätte, sich durchzusetzen. Sicher kauften viele Frauen gerne bei ihr, um einen kleinen Schwatz zu machen und sich Rat zu holen, viele junge Männer aber, weil sie in sie verliebt waren, sie anschwärmten.

Das Haus besaß einen großen Garten, der viele Obstbäume trug. Günter, seine Mutter hat mir das bestätigt, ernährte sich hauptsächlich aus diesem Garten. Die schönen Äpfel, die von August bis März reichten, waren seine Hauptnahrung. Auf Bildern sieht man, daß er ein hübsches Kind war. Günter erzählte, als Kind sei es ihm ein Graus gewesen, jeden Mittwoch die „Kränzchen"-Damen seiner Mutter zu begrüßen. Sie nahmen den hübschen Jungen an ihre meist vollen Busen und küßten ihn. Er aber sagte hörbar vor sich hin: „Macht ja nischt, wird ja wieder abgewischt." Zog sein Schnupftuch und erledigte die Prozedur.

Beide Brüder gingen in das einzige Realgymnasium, das es in Pasewalk gab. Immer wurde Curt dem Bruder als Vorbild hingestellt. Zwei Jahre älter, legte er sein Abitur mit „sehr gut" ab, besuchte in Berlin-Charlottenburg die Technische Hochschule und wurde Ingenieur für Gasanlagenbau. Günter war ein guter Schüler, aber, wie die Lehrer meinten, einer ohne besonderen Ehrgeiz. Ehrgeiz blieb ihm bis an sein Lebensende eine sehr zweifelhafte Eigenschaft. Da es mir ebenso ging, paßten wir gut zusammen. Faul sind wir nicht gewesen, nur von der Nützlichkeit des „Strebens" hat uns nichts überzeugt. Schöpferische Neugier, Phantasie und Einfälle, das waren Günters wie meine Leistungen im Leben, mit Begabung für das Theater gepaart.

Günter machte sein Abitur im Jahre 22. Das Leben der Eltern wurde durch die aufkommende Inflation reichlich geschüttelt. „Geld machen" galt in dieser Zeit als das einzige Mittel, die Krise zu bewältigen. Günter wurde zum Bruder seiner Mutter nach Dresden geschickt. Der Onkel hatte ein vornehmes Juweliergeschäft auf der Prager Straße und besaß eine Villa in der Karcher Allee. Die Familie gehörte zum reichen jüdischen Bürgertum; Onkel Arndt hatte selbstverständlich gute Beziehungen zur Finanzwelt; seinen Neffen in einem großen Bankgeschäft unterzubringen war nur eine sehr kleine Gefälligkeit.

Das Bankwesen aber interessierte Günter überhaupt nicht. Wenn irgend möglich, lief er ins Dresdner Staatstheater. Sein Entschluß, Schauspieler zu werden, stand fest. Sein Onkel, seine Eltern in Pasewalk waren entsetzt. Die Freundinnen aber, die er durch seine Cousine, die auch ein bißchen verliebt in ihn war, kennenlernte, taten alles, um ihn in Künstlerkreise einzuführen. Zu diesen Freundinnen zählte Lea Grundig. Else Lasker-Schüler nahm sich des schönen jungen Mannes an.

Eine echte Kriminalgeschichte befreite Günter dann aus dem Bankwesen. Sein Chef übergab ihm an einem schönen Morgen des Jahres 1923 ein großes Kuvert, dessen Inhalt 1343 Dollar waren, zu dieser Zeit ein Vermögen. Günter sollte nichts weiter tun, als in eine andere Bank gehen, dort warten, bis ihn ein Herr mit den Worten ansprach: „Haben Sie einen besonderen Wunsch, dann folgen Sie mir bitte in das Zimmer 15." Danach sollte er in das Zimmer 15 mitgehen und den dort wartenden zwei Herren das Kuvert gegen Quittung übergeben. Alles trug sich zu wie vorausbestimmt. Günter übergab das Kuvert, erhielt die Quittung, ging zurück in seine Bank und gab die Quittung ab. Während er noch im Zimmer des Chefs saß, kam ein Telefonanruf der Bank, in der er eben gewesen war. Man fragte besorgt, wo denn der junge Mann bliebe. Kurz gesagt: Günter war Gangstern in die Falle gegangen. Stundenlang wurde er vernommen, mußte Bilderkarteien durchsehen, bis er selber nicht mehr wußte, wie die drei Männer überhaupt ausgesehen hatten.

Der „Erfolg" für Günter war, daß man ihn nie wieder im Bankgeschäft sehen wollte. Er flog, wenn auch mit Anstand. Der Weg, Schauspieler zu werden, stand offen. Er sprach in Dresden seinem Schauspiel-Idol Erich Ponto vor und wurde als Schüler angenommen. Ponto riet ihm dann, im September 24 nach Berlin auf die Schauspielschule der GDBA zu gehen. So trafen wir uns.

Bis heute weiß ich nicht, ob das die „große Liebe" war, ob wir eine „glückliche Ehe" führten. Nie mußte ich darüber nachdenken. Wir gehörten zusammen. Er war Fleisch von meinem Fleisch, und seine Art zu denken wurde meine. In den langen Jahren unseres Zusammenseins gab es natürlich ein Auf und Ab, bald war sein Einfluß auf mich, bald meiner auf ihn entscheidend. Wie hätten wir sonst die vielen Schwierigkeiten überstehen können? Er war der erste Mann, mit dem ich zusammen im Kornfeld lag; ich zählte siebzehn und er einundzwanzig Jahre, und ich wollte nichts anderes als ihn.

Wenn aus mir ein Mensch geworden ist, so hat Günter den größten Anteil daran. Alle Begebenheiten, die ein Leben ausmachen, haben wir gemeinsam erlebt. Als Anna Seghers, die in Brasilien weilte, als Günter starb, wieder mit mir zusammensaß, sagte sie etwas, was sich mir eingeprägt hat bis an mein Lebensende: „Günter war einer der ‚Letzten der Gerechten'."

Mein erstes Engagement hatte ich 1925 bei Viktor Barnowsky am damaligen *Theater in der Königgrätzer Straße* in Berlin. Die erste Rolle von zwei Sätzen und einem Tanz in der Gruppe absolvierte ich in Grabbes Stück *Don Juan und Faust*. Der Zeit entsprechend, trug ich ein schweres Samtkleid mit großem Dekolleté. Am Abend der Premiere, ich kam erst im zweiten Akt auf die Bühne, stand ich voller Neugier, nervös und begeistert am Rundhorizont und hörte dem Spiel zu – hinter der Bühne außer mir nur noch Direktor und Regisseur Bar-

Theater am Bülowplatz

Dienstag, den 29. Mai 1928, abends 8 Uhr

WAS IHR WOLLT

Lustspiel in vier Bildern von William Shakespeare.

Inszenierung: Viktor Schwanneke.

Bühnenbilder u. Kostüme: Edward Suhr. Musik: Wolfgang Zeller.

Orsino, Herzog von Illyrien	*Adolf Manz*
Sebastian, ein junger Edelmann, Violas Bruder . .	*Wolfgang Staudte*
Antonio, ein Schiffshauptmann, Sebastians Freund	*Jacob Sinn*
Ein Schiffshauptmann, Freund der Viola . . .	*Georg Czimeg*
Valentin } Kavaliere des Herzogs	*Fritz Staudte*
Curio }	*Fritz Klaudius*
Junker Tobias von Rülp, Olivias Oheim	*Leo Reuß*
Junker Christoph von Bleichenwang	*Armin Schweizer*
Malvolio, Olivias Haushofmeister	*Viktor Schwanneke*
Fabio } in Olivias Dienst	*Friedrich Gnass*
Narr }	*Peter Ihle*
Olivia, eine reiche Gräfin	*Maria Carol*
Viola, Sebastians Schwester	*Agnes Straub*
Maria, Olivias Kammermädchen	*Steffi Spira*
Ein Bote	*Heilo Boelen*
1. Gerichtsdiener	*Georg Kaufmann*
2. Gerichtsdiener	*David Thurner*
Ein Priester	*Sigmund Nunberg*

Herren vom Hofe, Matrosen, Musikanten und Gefolge.

Die Szene ist eine Stadt in Illyrien und die benachbarte Seeküste.

Technische Leitung: Hans Sachs. Beleuchtung: Hugo Diesner.

Pause nach dem 2. Bild. Ende $10^1/_2$ Uhr.

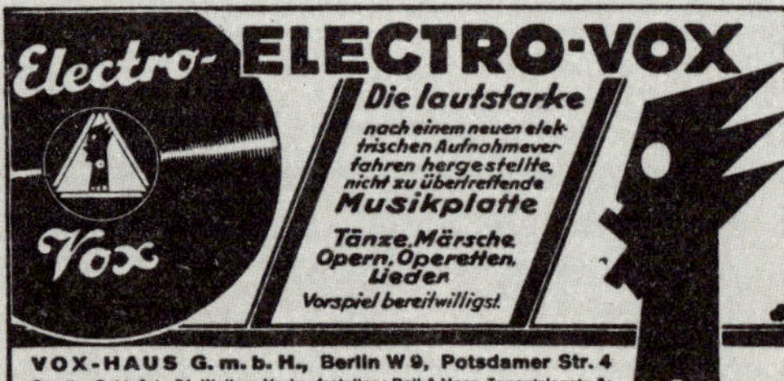

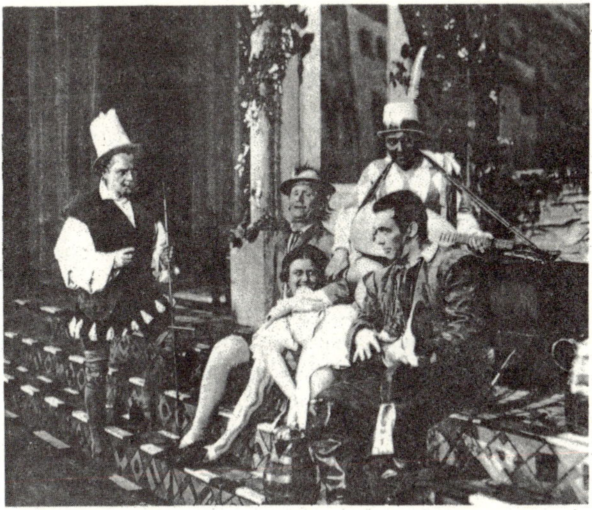

Shakespeares „Was ihr wollt" am 29. Mai 1928 im Theater am Bülowplatz (Volksbühne), Berlin. Vorn: Steffie Spira als Maria, Leo Reuß als Junker Tobias; dahinter: Viktor Schwanneke als Malvolio, Armin Schweizer als Junker Christoph, Peter Ihlé als Narr.
Zweiter Aufzug, dritte Szene: Ein Zimmer in Olivias Hause.
Junker Tobias: Ein Stübchen Wein, Maria!
Malvolio: Jungfer Maria, wenn Ihr Euch das Geringste aus der Gnade des Fräuleins machtet, so würdet Ihr diesem unfeinen Lebenswandel keinen Vorschub geben. Sie soll es wissen, bei meiner Ehre.
Maria: Geh und brumme nach Herzenslust!
(Photo: Photo-Schmidt, Internationaler Press-Photo-Dienst, Berlin SW 61, Katzbachstraße 6)

nowsky. Er lief voller Aufregung auf leisen Sohlen hin und her, sah mich stehen, ging auf mich zu, ich wandte mich um, er aber griff mir mit großer Schnelligkeit in den Ausschnitt. Darauf gab ich ihm eine zum Glück nicht laut klatschende Ohrfeige. Was tat er? Er sagte, leise lachend: „Genau wie deine Mutter!"

1928 stand an der Volksbühne *Peer Gynt* von Ibsen auf dem Spielplan. Heinrich George spielte den Peer Gynt. Meine Rolle war die zweite Saeterin, zu deutsch: Hirtin. Auch für diese Rolle trug ich einen großen Busenausschnitt. Die Verwandlung zu unserem Bild geschah auf offener Bühne, die sich in der Scheibe bei voller Dunkelheit drehte. Wir mußten schon vor unserem Auftritt auf der Scheibe stehen. George tat das gleiche wie mein erster Direktor. Auch ihm gab ich eine Ohrfeige, nur mit dem Unterschied, daß es gewaltig knallte und George beim Hellwerden die Zeichen meines Schlages im Gesicht trug.

Von da an nannte er mich nie bei meinem Namen, sondern er sagte: „Da kommt ja die Pute." Bis ich in Weisenborns *U-Boot S 4* innerhalb von vierundzwanzig Stunden die Rolle der Sid, ehemals gespielt von Agnes Straub, einen Riesen-Monolog und eine Szene mit George übernahm. Nach der Vorstellung kam er zu mir und sagte: „Nein, nein, du bist keine Pute, sondern wirklich eine Schauspielerin."

Meine erste größere Rolle bei Barnowsky war die des Hymen in *Wie es euch gefällt* von Shakespeare. Lucie Kieselhausen, Tänzerin und die Frau des

Tänzers Ernst Matray, hatte bis dahin diese Rolle gespielt. Das Stück war für sie schon zu lange auf dem Spielplan, und kurz vor dem Spielzeitwechsel, als ich kam, hatte sie gekündigt. Barnowsky, der wußte, daß ich vom Tanzen zur Sprechbühne gewechselt hatte, gab mir die Rolle. Am Abend erschien Elisabeth Bergner in meiner Garderobe im dritten Stock, um mich, die Elevin, zum ersten Auftritt zu schminken – eine alte Theatertradition fortführend, die sich leider ganz verloren hat.

Im *Berliner Theater* in der Charlottenstraße spielte das Ensemble der Dr.-Robert-Klein-Bühnen. Im Herbst 1929 fing meine erste Spielzeit an. Eine unserer ersten Premieren war Kaisers *Zwei Krawatten*, der Riesenerfolg für Marlene Dietrich und Hans Albers. In einer kleinen Rolle trat da auch der Kollege Tomaselli auf. Tomaselli, das Hätschelkind schwerreicher Eltern, war kein Schauspieler, er kam aus Wien, und Tomaselli-Kaffee war in diesen Jahren ein Begriff, auch über Österreich hinaus. Der liebe Sohn also, mit liebem blondem Lockenkopf, ach so herzigen blauen Augen, klein und schlank, hatte nur eine Sehnsucht: das Theater. Wahrscheinlich haben die Eltern als stille Teilhaber das Unternehmen unterstützt, damit ihr Sohn da spielen dürfe. (Ich denk's mir halt so.)

Natürlich hatten die Kollegen bald heraus, was für a Früchterl dieser junge Mann war. In den *Zwei Krawatten* ist der entscheidende Einfall, daß ein Kellner bei einer fashionablen Veranstaltung der Hautevolee, ohne es zu wissen, einem Gauner hilft, indem er seine schwarze Krawatte gegen dessen weiße eintauscht. Der einzige Mensch auf der Bühne mit einer schwarzen Krawatte ist also der Kellner, gegenüber den Frackherren, die alle weiße Krawatten tragen. Tomaselli spielte einen solchen Frackherren und tanzte mit einer schönen Frau, ich glaube, es war Eva Errat. Die Kollegen redeten dem Jungen nun ein, er sollte nur wie Albers eine schwarze Krawatte umbinden, da würde er Erfolg haben, Albers käme ja auch so auf die Bühne, es wäre die neueste Mode.

Der arme kleine Lockenkopf fiel auf die Reden der Kollegen rein. Eines Abends erschien er auf der Bühne mit der schwarzen Krawatte, forderte seine entgeisterte Partnerin mit den dazugehörigen Sätzen zum Tanzen auf, und das Unglück nahm seinen Lauf. Albers, beim Auftritt, in dem er, glaube ich, ein Tablett mit geleerten Champagnergläsern über die Bühne trug, bemerkte natürlich sofort auf Tomasellis blütenweißem Hemd die schwarze Krawatte. „Verschwinde", zischte er dem Unglücksraben zu, „runter von der Bühne." Tomaselli aber war stolz, daß der Star des Abends sich mit ihm unterhielt, sogar auf der Bühne! Seine Dame trat ihm auf den Fuß und zog ihn in die Kulisse. Es gab noch ein kleines Nachspiel, doch alle Kollegen stellten sich vor den Garderobier, der beinahe entlassen worden wäre.

Eine der nächsten Premieren war *Die Straße* von Elmer Rice. Heinz Hilpert inszenierte das Stück. Es spielt in New York, eben auf einer Straße, vor einem Mietshaus. Albert Bassermann gab einen Vater, dessen zwei heißgeliebte Kinder ihn im Verlaufe des Abends in den Abgrund der Verzweiflung stürzen. Seine Tochter läuft mit einem reichen jungen Juden davon, sein Sohn wird von einem Auto überfahren. Grete Mosheim spielte die Tochter, R. Duschinsky den jungen Mann und Else Bassermann die Mutter der Familie. Eine Bewohnerin des Hauses war Rosa Valetti, eine andere ich, und zwar eine Hure.

Ich hatte nur eine einzige Szene im zweiten Akt, und zwar mit Tomaselli, der meinen Galan spielte und mit mir ins Haus gehen wollte, den ich aber nicht mitnahm, weil ich betrunken war und er mir zu blöd vorkam. Hilpert behauptete auf einer Probe, ich wäre gewiß noch nie richtig betrunken gewesen, denn ich liefe wie „angeschafft"; es würden sich ja wohl Kollegen finden, die mit mir mal kräftig einen trinken gingen. Die gab es. Ich holte also das bis dahin Versäumte nach, und auf der darauffolgenden Probe zeigte sich Hilpert außerordentlich zufrieden mit mir.

Dann war Generalprobe. Der zweite Akt wurde vom Inspizienten, Schöppe, eingeklingelt. Rufanlagen gab es noch nicht. War eingeklingelt, so mußte man entweder gleich auf die Bühne oder im Konversationszimmer auf das nächste Klingelzeichen warten. Unsere Szene war der Beginn des zweiten Aktes. Brav stand ich in der Kulisse. Der Vorhang ging hoch, Licht auf der Bühne, aber mein Partner, Herr Tomaselli, fehlte. Hilpert, am Regietisch, brüllte, der Inspizient lief auf die Bühne und versicherte, er habe in jeder Garderobe geklingelt; er rannte ins Konversationszimmer, aber auch da kein Tomaselli. Hilpert tobte; wo der Bursche steckte, ob er überhaupt ins Haus gekommen wäre? Jawohl, der Bühnenpförtner hatte Tomasellis Anwesenheit bestätigt. Hilpert rief: „Vorhang runter! Licht im Zuschauerraum!“

Als das Licht im Zuschauerraum anging, drei Reihen vor dem tobenden Hilpert, saß, angetan wie ein Schlieaferl mit Kreissäge und seidenem Schlips, Tomaselli! Hilpert fragte ihn nun ganz ruhig: „Was machen Sie denn hier im Zuschauerraum?“ Und Tomaselli: „Ich wollt halt schaun, wie's ausschaut, wann i herauskomm!“

In der ersten Aufführung des Stückes *Mann ist Mann* von Bertolt Brecht 1928 in der *Volksbühne* spielte ich unter der Regie von Erich Engel die Hiobja, die Schwester der Kantinenbesitzerin Begbick. Zwar hatte ich kein Wort zu sagen, aber immerhin mußte ich die Blicke der Männerwelt auf mich ziehen. Ich tat es anscheinend recht gut, denn Alfred Kerr, der gewaltig gefürchtete Kritiker, schrieb mir für diese stumme Rolle eine freundliche Kritik. „Steffi Spira“, so lautete der in Klammern gesetzte Satz, „tut sich durch ein Lächeln und zwei Lippen hervor.“ Helene Weigel kam bei ihm weniger gut weg: „Frau Weigel, Marketenderin, tut sich hervor: durch einen festen Dauerschrei; straffes Gegell; Peitschenton; Schenkelprofil; Prallsprung. Wacker.“

Wie staunte ich, als in der zweiten Inszenierung des Stückes, 1931 im *Staatlichen Schauspielhaus*, „meine“ Rolle gar nicht vorkam. Später fragte ich Brecht, warum er sie gestrichen habe. Er sagte, Heli hätte die Rolle für überflüssig erklärt, und er hätte ihr nicht widersprechen wollen. Aber ich

Theater am Bülowplatz

Sonnabend, den 7. Januar 1928, abends 8 Uhr

Mann ist Mann

Oder: Die Verwandlung des Packers Galy Gay in den Militärbaracken von Kilkoa im Jahre neunzehnhundertsiebenundzwanzig.

Lustspiel in sechs Bildern von Bertolt Brecht.

Regie: Erich Engel. Musik: Edmund Meisel.

Bühnenbilder und Kostüme: Caspar Neher.

Uria Shelley	Vier Soldaten einer Maschinengewehrabteilung der britischen Armee in Indien	*H. Lamberts-Paulsen*
Jesse Mahoney		*Viktor Schwanneke*
Polly Baker		*Friedrich Gnas*
Jeraiah Jip		*Armin Schweizer*
Charles Fairchild, genannt Blody Five, Sergeant		*Hans Leibelt*
Galy Gay, ein irischer Packer		*Heinrich George*
Galy Gays Frau		*Dora Gerson*
Herr Wang, Bonze einer tibetanischen Pagode .		*Peter Ihle*
Leokadja Begbick, Kantinenbesitzerin . . .		*Helene Weigel*
Hiobja, ihre Schwester		*Steffi Spira*

Soldaten: *Georg Czimeg, Paul Kaufmann, Georg Kaufmann, Heilo Böhlen, Richard Koblank, Wolfgang Staudte, Ernst Notbaar.*

Gesang: *Werner Maschmeier*

Technische Leitung: Hans Sachs. Beleuchtung: Hugo Diesner.

Pause nach dem vierten Bild. Ende nach 10 Uhr.

sollte nur ruhig sein, er würde bestimmt einmal wieder eine stumme Rolle schreiben. – Das wurde dann die stumme Kattrin in *Mutter Courage*.

Es war in den zwanziger Jahren nicht ungewöhnlich, daß junge Dramatiker zu Worte kamen. Nachdem *Trommeln in der Nacht* schon 1922 am *Deutschen Theater* gespielt worden war, sah die *Volksbühne* keinen Hinderungsgrund, *Mann ist Mann* aufzuführen. Außerdem gab es in diesem Stück eine wunderbare Rolle für Heinrich George: den Galy Gay. Damals haben die Theater nicht so viel Hinsichtel und Rücksichtel genommen, sie haben einfach gespielt.

Neue Stücke waren für das Theater immer ein großes Ereignis. Das Interesse, das die Bühnenarbeiter ihnen auf den Proben entgegenbrachten, konnte als ein Kriterium für den Erfolg gelten. Wenn die Arbeiter stehenblieben und guckten, dann wußten wir, daß wir auf dem richtigen Weg waren. Ich kann mich noch genau an einen Büh-

Im Januar 1928 hatte Brechts Lustspiel „Mann ist Mann" in der Regie von Erich Engel an der Berliner Volksbühne Premiere. Die Aufnahme zeigt Helene Weigel als Leokadja Begbick, Steffie Spira als ihre Schwester Hiobja und Hans Leibelt als Sergeant Fairchild.
„Steffie Spira", schrieb Alfred Kerr am 5. Januar im „Berliner Tageblatt" über diese stumme Rolle, „tut sich durch ein Lächeln und zwei Lippen hervor."
(Photo: Photo-Schmidt, Internationaler Press-Photo-Dienst, Berlin SW 61, Katzbachstraße 6)

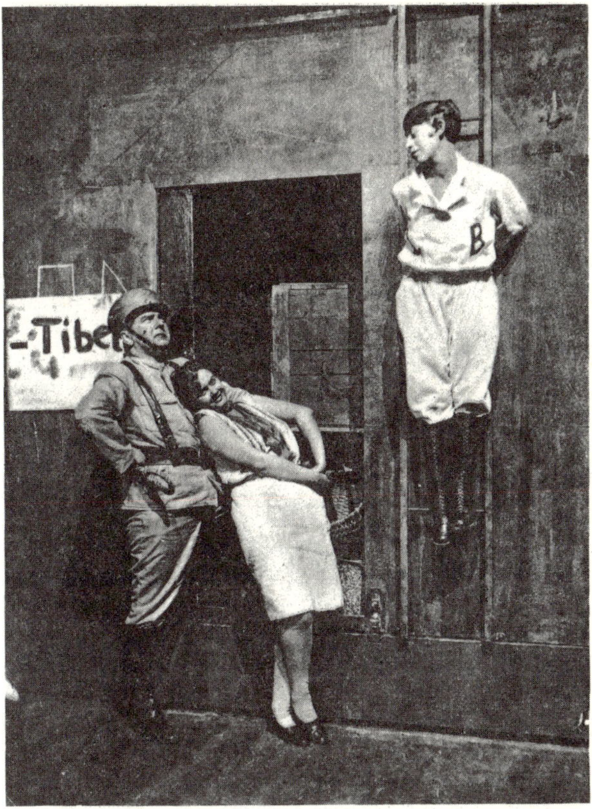
-Tibet
B

nenarbeiter mit großem Schnauzbart erinnern, der aussah wie ein Walroß. Den faszinierten die Proben von *Mann ist Mann*, und er behauptete: „Also det wird wat", und es wurde auch was!

Diese Stücke durchzusetzen war auch damals nicht einfach. Herbert Jhering hat das Verdienst, viele Autoren in ihren Anfängen unterstützt zu haben, im Gegensatz zu Alfred Kerr, der sich dreimal umdrehte, ehe er ja sagte.

Um diese Zeit war Helene Weigel in Berlin längst bekannt, sie galt als eine gute Schauspielerin, mit der man rechnen konnte und die absolut in den Berliner Rahmen paßte. Zuerst sagte man noch von ihr: „Ach, das ist ja die Frau von Brecht", aber dann hatte sie ihren eigenen Namen. Ehe ich sie kennenlernte, hatte ich sie 1925 im *Deutschen Theater* in Ibsens *Die Stützen der Gesellschaft* gesehen. Sie spielte die Martha, eine kleine, eigentlich eine Winzigkeit von einer Rolle. Ich seh sie noch mit einem Tuch in der Hand auf der Ecke eines Stühlchens sitzen, verklemmt und verhemmt, ein „Armitschkerl", sagt man in Österreich. Es war glänzend, ich habe es bis heute nicht vergessen. Das ist von der Heli zu sagen: Sie mußte immer gegen sich selbst spielen. In den Rollen, in denen sie nicht das war, was sie war, da wirkte sie am besten. Das ist jedenfalls meine Meinung.

Während der Proben zu *Mann ist Mann* gab es Krach zwischen Alexander Granach und Heli Weigel. Heli, sich selbst auf der Trompete begleitend, hatte diesen kleinen Vorspruch halb zu singen, halb zu sprechen: „Herr Bertolt Brecht behauptet: Mann ist Mann./Und das ist etwas, was jeder behaupten kann./Aber Herr Bertolt Brecht beweist auch dann/Daß ein Mann den andern ersetzen kann" – ich weiß das heute noch auswendig und habe das Stück seit fünfzig Jahren nicht mehr gesehen. Bestimmte Dinge behält man im Gedächtnis. Heli ist nicht gerade eine der musikalischsten Schauspielerinnen gewesen, sie hatte Schwierigkeiten mit dem Singen. Aber natürlich, jeder Schauspieler und jede Schauspielerin wird mit dieser Art des Sprechgesangs fertig. Wenn der Rhythmus stimmt, dann kommt die Stimme dazu. Granach also behauptete, er müsse das machen, er müsse das singen, das könne überhaupt keine Frau. Heli aber behielt die Oberhand. Granach warf die Rolle hin.

Noch vor den ersten Proben hatten sich Engel und Brecht unterhalten, was man machen sollte. Ich habe das Gefühl gehabt, das war eine Einheit. Der Brecht war einverstanden mit dem Engel, und der Engel mit dem Brecht, bis auf die Dinge, wo sie sich überhaupt nicht verstanden, da brüllte dann Brecht mit seiner schrillen, harten Stimme: „So nicht!" Engel hat auf der Probe das Wort geführt, selten hat Brecht unterbrochen.

In der Inszenierung spielte ein Mann namens Lamberts-Paulsen den ersten Soldaten. Er war früher Artist im Zirkus gewesen, solche Begabungen haben Brecht immer gereizt. Er sprach, ohne sich anzustrengen, den Brechtschen Text. Er hatte diese kühle Haltung, etwas vorzuzeigen, während George das rasend machte. George beherrschte schnaufend und mit allen Anzeichen seiner Schwerleibigkeit die Bühne. Er war natürlich ein guter Schauspieler, aber er fand sich niemals bereit, seine Persönlichkeit hintenanzustellen, er spielte immer George. Zur damaligen Zeit galt George mehr als Brecht, sowohl bei der Theaterleitung als auch bei den Zuschauern.

Brecht hat viel mit der Heli gearbeitet, auch auf den Proben hat er sich bei ihr mehr eingemischt als bei den anderen, er hat sie nicht lieb behandelt. Trotzdem habe ich sie nie weinen sehen. Ich kenne einige Regisseure, die mit ihren Damen heftig umgesprungen sind. Es war nicht einfach für Heli, denn auch dann, wenn Brecht sich mit der Grundhaltung einverstanden zeigte, war er trotzdem nicht zufrieden. Nie sagte er „Das gefällt mir", zu keinem. Das höchste Lob war: „Jetzt hast du's gepackt." Er ließ einen dennoch nicht im ungewissen darüber, ob es ihm gefiel oder nicht.

Nie werde ich meine erste tiefe Verzweiflung vergessen, aus der ich keinen anderen Ausweg sah, als mich in den Landwehrkanal zu stürzen. Damals zählte ich zweiundzwanzig Jahre.

Das Jahr 1930 war, auch für Schauspieler, ein Krisenjahr. Viele Theater machten Pleite, so gab es in Berlin hauptsächlich Theater-Konzerne: Saltenburg mit drei Theatern (*Lustspielhaus, Theater in der Kommandantenstraße, Theater in der Jakobstraße*), Reinhardt mit drei Theatern (*Deutsches Theater, Kammerspiele, Komödie*) und die Dr.-Robert-Klein-Bühnen, bei denen ich engagiert war und zu denen das *Lessing-Theater*, das *Berliner Theater*, das *Theater in der Nürnberger Straße* und das *Komödienhaus* am Schiffbauerdamm gehörten. Seit Beginn meiner Tätigkeit, also mit achtzehn Jahren schon, war ich Mitglied der GDBA, unserer dem Afa-Bund (*Allgemeiner Freier Angestelltenbund*) angeschlossenen Gewerkschaft. Bei einer Gewerkschaftswahl der Dr.-Robert-Klein-Bühnen wurde ich, da ich keck war und gut sprechen konnte und auch immer engagiert für die Rechte meiner Kollegen eintrat, zur „Vertrauensdame" gewählt – einzige Frau im Lokal-Verband.

Als nun der Pleitegeier auch unser Haus schüttelte, als die bei der Bank eingezahlten Gelder der Konzession die Gagen der Kollegen decken sollten, stellte sich heraus, daß das Geld, durch die Inflation entwertet, gerade noch zum Auszahlen der großen Gagen reichen würde. Da hielt ich in der Versammlung eine von wenig Sachkenntnis getrübte Rede: Ich forderte voller Überzeugungskraft, man solle die Gelder nicht ausschütten, sondern als Kollektiv die Theater in eigener Regie weiterführen und den Direktor Dr. Klein und seinen Geschäftsdirektor Fischelcher ausschalten.

Links zu sein war zu dieser Zeit in Schauspielerkreisen eine Selbstverständlichkeit. In Parteien organisierte Kollegen aber gab es nur wenige. Im Vorstand unserer Gewerkschaft saßen in den leitenden Funktionen SPD-Mitglieder. Selbst in der Volksbühne waren zu meiner Zeit vom künstlerischen Personal höchstens drei oder vier eingeschriebene SPD-Mitglieder, aber viele sympathisierten mit der KPD, besonders die Jungen. Auch im Lokal-Verband unseres Theaters fühlten sich mehr zur KPD hingezogen, als es Mitglieder der

SPD gab. Mein Vorschlag wurde also mit viel Beifall angenommen: Grete Mosheim, Harald Paulsen, Käthe Dorsch – alle wollten mitmachen, selbst ein so zurückhaltender Kollege wie Ralph Arthur Roberts, nur Max Pallenberg bestand darauf, ausgezahlt zu werden. Natürlich war ich gewaltig stolz auf mich. Auch die anderen Mitglieder unseres Lokal-Verbandes stimmten zu, nachdem sie sahen, daß die „Großen" mitmachten. Die Direktion stellte sich natürlich gegen mich, wir sollten nichts überstürzen. Bei der Abstimmung erhielt mein Vorschlag die Mehrheit. Gewählte Kollegen sollten einen Vertrag zur Weiterarbeit auf kollektiver Basis entwerfen.

Ich besprach mich mit meinem Günter und ging am nächsten Tag zu der Unterredung mit diesen gewählten Kollegen. Einige waren nicht anwesend, was ich aber nicht weiter beachtete. Wir wurden nicht gleich am ersten Tag mit einer klaren Formulierung für einen Kollektivvertrag fertig und verabredeten uns erneut für den Montag nach der Probe im *Theater in der Nürnberger Straße*.

Am Montag wurde ich von der Direktionssekretärin angerufen, ich sollte gegen drei Uhr im Büro von Herrn Fischelcher sein. Ich hatte keine Probe, fühlte mich sicher und verständigte mich mit niemandem. Es war Ende Juni – kurz vor den Ferien, die vom 1. Juli bis zum 15. August liefen und bezahlt wurden. Als ich ins Theater kam, standen vor dem Bühneneingang ein paar Kollegen des Lokal-Verbandes. Sie sahen mich etwas sonderbar an, sagten, sie wären schon beim Fischelcher gewesen und hätten, wie viele andere auch, den Vorschlag der Direktion unterschrieben. Ich sollte es auch tun, es wäre das beste. Ich war sprachlos.

Als ob mir ein Foto gezeigt würde, so sehe ich mich an der Seite eines großen Schreibtisches sitzen, dahinter im imponierenden Ledersessel Herrn Fischelcher, der mich durch die Brille mit vor Vergnügen blitzenden Augen ansieht. In der Hand hält er einen Briefbogen, vor ihm auf dem Schreibtisch liegt ein weiterer großer Bogen, angefüllt mit Namenszügen. Voller Ironie sagt er: „Ja, Steffiechen, so einfach ist das ja nun nicht, bestehende Verträge zu verändern. Ich lese dir mal vor, was bisher fast alle deine Kollegen unterschrieben haben: Wir verzichten auf die Auszahlung des Feriengeldes und sind einverstanden, daß die Ferien bis zum 1. September gagenlos verlängert werden. Als Entgegenkommen dafür prolongiert die Direktion alle Verträge, die im August 1931 abgelaufen wären, um weitere zwei Jahre für alle Mitglieder mit festem Vertrag!" Dann nahm er den anderen Bogen und überreichte ihn mir. Die Unterschriften so gut wie aller Kollegen standen da untereinander. Die Seite war vollbeschrieben. Er gab mir einen Federhalter in die Hand und sagte liebenswürdig: „Du siehst, es ist kein Platz mehr, da unterschreibe du nur gleich hier unter dem Vertrag." Ich Schaf tat es, völlig benommen.

Am Abend hatte ich in der Nürnberger Straße Vorstellung: *Jim und Jill* von Vivian Ellis mit Grete Mosheim und Adele Sandrock, Harald Paulsen und Jacob Tiedtke. Die Kollegen begrüßten mich nicht, auch die Bühnenarbeiter und der Inspizient nickten bloß. Als ich beim Abgehen, bevor ich die

Treppe zur Garderobe hinaufging – ich hatte nur im ersten Bild zu tun –, am Schwarzen Brett vorbeikam, blieb mir das Herz stehen. Da hing der „neue Vertrag“, eine einzige Unterschrift darunter – meine!

Ich stürzte aus dem Theater, lief in den Tiergarten, nur eine Idee beherrschte mich: Ich bring mich um! Ich weinte.

Ein Droschkenkutscher hielt an, fragte mich, ob ich nicht einsteigen wollte. Nie zuvor hatte ich mir allein eine Droschke genommen, ich weiß noch genau, daß ich dachte: Im Wasser weicht das Geld auf, 's ist egal, wie es draufgeht. Ich stieg also ein und bat den Kutscher, mich durch den Tiergarten zu fahren. Ich weinte und weinte. Der Kutscher aber, ein echter Berliner mit Herz und Schnauze, fragte: „Na ham Se denn jar keenen, mit dem Se sich bequasseln können?“ Da erst fiel mir Günter ein. Mit ihm, der gerade ein halbes Jahr Genosse war, besprach ich alles in Ruhe.

Es war wirklich, wie man es in Büchern lesen kann: Ich war auf gemeine Art hereingelegt worden. Die Liste, die Fischelcher mir gezeigt hatte, enthielt die Unterschriften der Kollegen für eine Gratisvorstellung zur Unterstützung der Alterskasse der GDBA. Ein Betrug und das Ausnutzen jugendlicher Unerfahrenheit. Trab des Schaukelpferdes Nummer 2.

Immer staunte ich über Menschen, die, wenn sie hörten, ich wäre Schauspielerin, sofort fragten: „Wie können Sie nur so viel auswendig lernen?“ Meine gleichbleibende Antwort: „Haben

1929 in Berlin.
(Photo: S. Frank, Bildnism. Fotografie, Berlin W 50, Tauentzienstraße 13 a)

Sie in Ihrem Beruf denn nicht auch lernen müssen?"

Da das Gehirn eines Schauspielers aufs Lernen trainiert ist, so geht es, wenn auch mit erheblichen Unterschieden, verhältnismäßig schnell. Die Methoden sind sehr verschieden. Für mich ist das sicherste Verfahren, die wichtigsten Stichworte der Rolle aufzuschreiben, nicht blöd abzuschreiben. Jeder Satz, der zu sprechen ist, wird im Zusammenhang mit dem vorigen laut gesprochen, danach erst aufgeschrieben. So wird das Geschehen nicht durch stures Sätzelernen im Geplapper untergehen. Wenn ich lerne, so lese ich die Szene unendlich oft, und zwar laut, so daß ich mir den Inhalt, die Dynamik der Sprache, aber nicht den Ausdruck einpräge. Schließlich sind es ja ganz selten Monologe, die man spricht. Es ist darum unerläßlich, völlig frei zu bleiben, bevor man nicht mit dem oder den Partnern und vor allem mit dem Regisseur die Spielweise festgesetzt hat. Bis heute ist mir unvorstellbar, daß es Kollegen gibt, die das Stück, in dem sie mitspielen, nicht einmal gelesen haben, die ihre Textbücher nur da aufschlagen, wo sie vorkommen. Wahrscheinlich bin ich altmodisch.

Probieren hat mir immer viel Spaß gemacht, bei einem guten Regisseur sogar mehr als das abendliche Spielen. Es wird zu einem schöpferischen Prozeß. Die Regisseure dagegen sind langweilig, die auf einer vorgefaßten Meinung von der Rolle beharren. Haben sie diesen oder jenen Schauspieler ausgesucht, so meinen sie, er müsse genau das spielen, was sie sich in ihrem Hinterkopf vorstellen.

Lampenfieber ist schlimm. Es gibt Rollen, da

bleibt das Lampenfieber, solange man das Stück spielt. Die beruhigende Zahl der Aufführungen hilft da gar nicht. An Premierentagen bin ich schon vom Morgen an durch Lampenfieber belastet. Man glaubt nicht an sich, glaubt nicht, daß man die Person, die man spielen soll, auch wirklich mit Sprache, Gestik, Haltung erfaßt hat. Immer noch zweifelt man daran, daß man den Text wirklich beherrscht. Wie beim Schachspiel gibt man sich Denkaufgaben, mitten aus einer Szene einen wichtigen Satz sofort sprechen zu können. Verliert man auch nur für Sekunden den Faden, möchte man sich verkriechen, um ja nicht ins Theater gehen zu müssen.

Der Weg ins Theater ist die schlimmste Überwindung. Man sieht alles, Menschen, Häuser, Bewegungen auf der Straße, als unwirklich an. Man zweifelt an allem, an sich selbst am meisten. Wenn ich dann aber die Garderobe betrete, meine Kolleginnen genauso aufgeregt und nervös vorfinde, werde ich plötzlich ganz ruhig, meistens sogar heiter. Der Duft von Schminke und Parfüm, der Anblick der neuen Kostüme geben ein Gefühl von Sicherheit und sogar Freude. Die Ankleiderin, auch die Maskenbildnerin, die an so einem Abend besonders zartfühlend und schnell arbeiten, verbreiten eine Atmosphäre von Konzentration. Der Schminktisch ist besonders hübsch hergerichtet mit all den kleinen Glücksbringern vergangener Premieren, dazu das Teeglas oder der Kognakschwenker und die Blumen, die schon abgegeben wurden, die man aber vor der ersten Pause nicht auswickelt.

Schrecklich, wie der Gang zum Schafott, ist der Gang zur Bühne, nachdem einen der Inspizient durch den Lautsprecher in der Garderobe aufgerufen hat. Vor der Tür oder dem Gang zum Auftritt stehend, ist man überzeugt, kein Wort sprechen zu können. Wenn aber das Stichwort fällt, geht man hinaus. Dieser Schritt verändert alles. Alle Zweifel sind fort, alle Angst ist vergessen.

Es war das Jahr 1930, ein Jahr, da die Arbeitslosigkeit auch unter den Schauspielern grassierte. Die Piscator-Bühne Berlin im *Theater am Nollendorfplatz* hatte viele junge begeisterte Schauspieler aufgenommen, da ja der Meister nicht ohne sie auskommen konnte. Schon im *Kaufmann von Berlin* wie im *Braven Soldaten Schwejk* war das Bühnenbild das teuerste an der Aufführung, gleich danach kam die Gage für Max Pallenberg. Otto Katz (André Simone), der geschäftliche Leiter des Theaters, gehörte schon damals der KPD an. Was lag ihm näher, als bei den jungen, oft bei der KPD eingeschriebenen Schauspielern seines Theaters dafür um Verständnis zu bitten, daß erst die Gagen der „großen" Schauspieler gezahlt werden müßten, ehe die „kleinen" etwas bekamen. Tilla Durieux, die ganz gewiß ein „linkes" Herz hatte, bestand großzügig nicht auf ihrer Gage, war doch der Geldgeber des Unternehmens ihr Mann, Katzenellenbogen.

Bis Ende 1930 und auch noch Anfang 1931 konnten sich die Theater über Wasser halten. Viele der damals jungen Schauspieler bildeten eine Art von Agit-Prop-Gruppen. Aus einer solchen Gruppe heraus, zu der Fedja Bönsch, Inge Franke (Inge

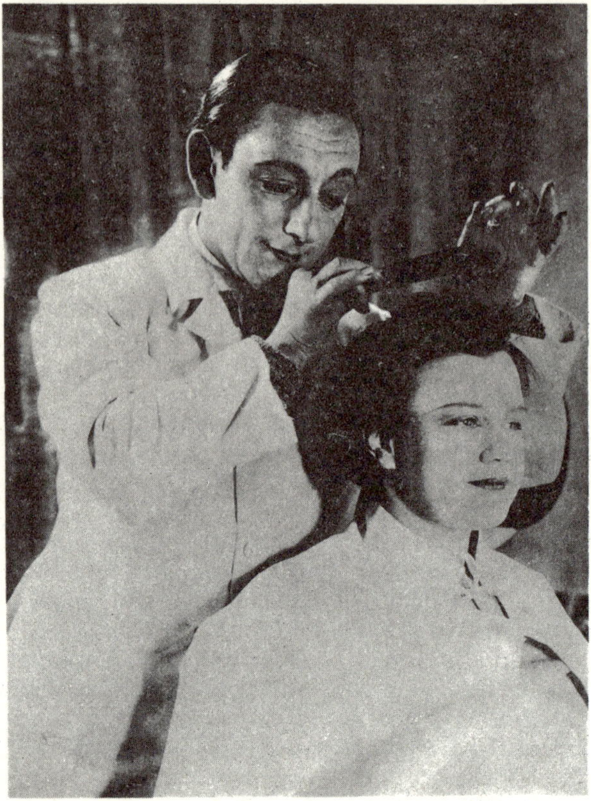

von Wangenheim), Heinrich Greif, Dr. Otto Hahn, Charlotte Jacoby, Hans Meyer-Hanno, Theodor Popp, Günter Ruschin, Curt Trepte gehörten, auch Stephan Wolpe als Musiker, entstand die Idee, gemeinsam ein eigenes Stück zu entwickeln. Durch persönliche Bindung kam dazu als wichtigste Person: Gustav von Wangenheim, der damals einen großen Film bei der Ufa drehte (*Der Mann im Mond*) und in selbstverständlicher Hilfsbereitschaft – die meisten waren arbeitslos – die Gruppe unterstützte. Mal bezahlte er dem einen die Miete, mal besorgte er anderen kleine und kleinste Rollen beim Film. Mein Engagement an den Dr.-Robert-Klein-Bühnen lief noch bis zum März 1931.

Nie vergesse ich die vielen Stunden, die wir, die *Truppe 1931* in Gustavs Zimmer in der Bülowstraße verbrachten: er wohnte bei Mutter Franke zur Un-

1929 in dem Tobis-Film „Des Haares und der Liebe Wellen". Dieser Kurzfilm mit dem Untertitel „Eine Friseurskomödie" war einer der ersten deutschen Tonfilme.
Steffie Spiras Partner Paul Graetz, Schauspieler und Kabarettist („Schall und Rauch", „Kabarett der Komiker"), wurde ebenfalls ins Exil getrieben und starb 1937 in den USA.
Der Regisseur Walter Ruttmann hatte als Avantgardist begonnen (1927 Dokumentarfilm „Berlin. Die Symphonie einer Großstadt"); die Musik stammte von Werner Richard Heymann, der für den Film (z. B. „Die Drei an der Tankstelle", „Der Kongreß tanzt") und für das Kabarett („Schall und Rauch", „Wilde Bühne") komponierte.

termiete. Curt Trepte war der Organisator des Materials, Theodor Popp sein Helfer. Wir hatten die politisch wichtige Idee, die Massen der Kleinbürger, die Angestellten, über ihren wahren Zustand aufzuklären, sie mit Geschichte und Ökonomie zu konfrontieren, sie durch unser Spiel zu beeinflussen, damit sie ihre Stellung in der Gesellschaft erkannten und der KPD näherkamen. Ein wichtiges Material für uns war das Buch von Kracauer *Die Angestellten*. Zu einer weiteren Fundgrube wurden Materialien des Afa-Bundes. Zu jener Zeit liefen in den Gewerkschaften große Kämpfe gegen die Unternehmer, gegen die Arbeitslosigkeit.

Die KPD hatte damals die, wie ich meinte, schlechte Idee, die Genossen, die in der Gewerkschaft die Unternehmer wirklich angriffen, dann gemaßregelt und oft auch ausgeschlossen wurden, in einer neuen Organisation zu vereinigen – in der *Revolutionären Gewerkschaftsopposition* (RGO). So kam es, daß am Anfang zwar auch eine Anzahl Nichtorganisierter oder Sympathisierender in die Organisation eintrat, aber wie es so schön heißt: Wir waren unter uns. Wir hatten uns von der Masse der organisierten Arbeiter getrennt und standen draußen vor der Tür. Nicht selten im wahrsten Sinne des Wortes. Bis heute bin ich der Meinung, daß der Aufbau dieser Oppositionsgewerkschaft erstes Mißtrauen unter die Mitglieder brachte, die sich ja auch noch den Einflüssen der Nazis ausgesetzt sahen.

Für mich ist 1931 ein unvergeßliches Jahr. Im Mai trat ich in die KPD ein, und zwar bei einer Veranstaltung der *RGO - Film, Bühne, Musik* in der Neuköllner Hasenheide, öffentlich, auf dem Halbrund des Musikpavillons im Garten des Restaurants Neue Welt. Meine Bürgen waren Hans Rodenberg und Gustav von Wangenheim. Hans Rodenberg hielt eine flammende Ansprache, deren Inhalt zwar nicht so sehr klar war, die aber großartig vorgetragen wurde. Überhaupt genügte es damals, von den großen Zielen des Kommunismus und von der Sowjetunion zu sprechen, und schon klatschte alles Beifall. Über den Weg dahin war weniger zu hören, ja, es gab auch Meinungsverschiedenheiten. Als wir uns als „Truppe" konstituiert hatten, kamen unsere politischen Berater auch aus der Parteispitze – Hermann Remmele, Heinz Neumann, oder auch Alfred Kurella, die beiden letzteren so jung wie wir.

Ein „unvergeßliches Jahr" wurde das Jahr 31 auch deshalb für mich, weil ich im August Günter Ruschin heiratete.

Wie viele schöne Bücher lasen und besaßen wir damals: *Anna Karenina* und *Die Brüder Karamasow*, *13 Pfeifen* von Ilja Ehrenburg, *Der Sündenlohn* von Upton Sinclair, *Eine amerikanische Tragödie* von Theodore Dreiser, *Meine Universitäten* von Maxim Gorki, *Im Westen nichts Neues* von Erich Maria Remarque, das *Stundenbuch* von Frans Masereel, *Der Prinz von Theben* von Else Lasker-Schüler und auch die *Litauischen Liedchen* („Will ich dein Bettchen machendes, Hemdchen nähendes Liebchen sein"). Unentwegt spielten Günter und ich auf dem Grammophon *Ein Amerikaner in Paris* und *Rhapsody in Blue* von Gershwin, dirigiert von Stokowski. Wir liefen in die Sowjetfilme *Panzerkreuzer Potemkin*,

„Die Truppe 1931", schrieb Herbert Jhering am 23. Dezember 1931, „spielt jetzt ihre ‚Mausefalle' mit großem Erfolg an der klassischen Stätte von ‚Schall und Rauch'. Szenisches Kabarett: Was bei Reinhardt ... stilistischer Scherz, amüsante Parodien, Theaterwitze, Kunstspötteleien waren, ist hier Lebensbild, Lebensanalyse, Lebenskritik. Lokkere Form, strenger Inhalt. ‚Die Mausefalle', ein Stück, das den Angestellten Fleißig zur Entscheidung über seine Stellungnahme anrufen soll wie Shakespeares ‚Mausefalle' den Hamlet."

„Die Mausefalle" erlebte ca. 350 Aufführungen. Unser Photo bietet eine Szene mit Curt Trepte, Steffie Spira und Inge Franke als Familie Fleißig.

Mit ihrem Stück „Die Mausefalle“ ging die „Truppe 1931“ häufig auf Tournee, so zum Beispiel gegen Ende des Jahres 1932 auch in die Schweiz. Der Schnappschuß zeigt (von rechts): Inge Franke (Inge von Wangenheim), Steffie Spira, Dr. Otto Hahn, Lotte Lieven, Fedja Bönsch, Unbekannt, Günter Ruschin, Stephan Wolpe. „Die ‚Truppe 1931‘ hat sich auf ihrem ersten Erfolg nicht ausgeruht. Sie hat auf den Gastspielreisen mit der ‚Mausefalle‘ das neue Stück vorbereitet. Sie hat wirkliche Gemeinschaftsarbeit, wirkliche ‚Kollektiv‘-Arbeit geleistet. Sie hat sich nicht zerreißen lassen. Sie ist widerstandskräftig geblieben ... Eine solche Gesinnung in solcher Zeit ist auch eine künstlerische Bewährung.“ Herbert Jhering in seiner Kritik über „Da liegt der Hund begraben“, 19. Oktober 1932.

Sturm über Asien, Arsenal. Wir saßen in diesen Jahren auf den Proben der *Habima*, kannten den Dramaturgen Lifschitz und den Schauspieler Zwi Friedland, sahen uns Wachtangows und Meyerholds Aufführungen an, waren unentwegt mit Diskussionen beschäftigt, schmorten nie im eigenen Saft, waren stets von den verschiedensten Menschen und Meinungen umgeben.

Als das Jahr 31 fast zu Ende ging, kurz vor Weihnachten, hatte *Die Mausefalle* im *Kleinen Theater Unter den Linden* endlich Premiere. Fast ein Jahr hatten wir gearbeitet. Die *Mausefalle* war ein echtes Kollektivunternehmen, verfaßt hat das Stück Gustav von Wangenheim. Natürlich wurden auch, während er uns den gerade geschriebenen Teil vorlas, Kritik und Ideen eingebracht, die Gustav sehr oft berücksichtigte.

Ich kann mich erinnern, daß ich für den dramaturgischen Ablauf der Bilder einige gute Gedanken hatte, aber es ist Unsinn, sich damit zu schmücken, denn das gemeinsame Überdenken, Streichen und Füllen gehörte zum wichtigsten Arbeitsabschnitt, an dem sich viele beteiligten.

Als wir anfingen zu probieren, hörte das „Eingreifen" auf. Gustav übernahm auch die Regie. Stephan Wolpe übte mit uns, auf seinem Tafelklavier spielend, bis wir die Lieder wirklich „im Schlaf" singen konnten. Er war ein enthusiastischer Mensch. Die Melodie leicht falsch und mit zitternder Stimme vorsingend, sagte er uns: „Hört nicht auf mich, ich kann nicht singen, aber es ist ganz leicht." Inge und Meyer-Hanno waren die musikalischsten. Aber Günter und auch ich sorgten dafür, daß man sich nicht auf den Noten ausruhte, daß ein straffer Rhythmus zustande kam, woran auch Stephan viel lag. Mit Stephan konnte man besser als mit Gustav diskutieren, bei Gustav mußte man diplomatisch sein. Mir klingt Inges schmeichelnde Stimme noch im Ohr, wenn sie sagte: „Gustävchen, das wirst du als studierter Marxist doch viel besser wissen und können als wir!" Schließlich aber mußte, um in der Bühnensprache zu bleiben, „der Lappen hochgehen".

Wir hatten vorher Testvorstellungen gegeben, auch gehofft, daß sich unter den geladenen Gästen vielleicht ein Mäzen oder sogar ein Theaterdirektor fände, der sich unserer annähme. Doch nichts dergleichen geschah. Nur mein Vater lieh uns dreihundert Mark, damit wir die erste Miete im *Kleinen Theater Unter den Linden* anzahlen konnten. Dann aber wurde es wirklich ein ganz großer Erfolg. Wir waren glücklich.

Dankeschön muß man nachträglich unbedingt noch Jean Weidt sagen, der uns seinen Atelierraum für die Proben bereitstellte. Gustav Regler und seine Frau Mieke Vogler sollen ebenso bedankt sein; Mieke für ihre liebevolle Fürsorge, sie lud uns zu warmen Mahlzeiten ein, nicht nur Günter und mich, auch Treptes und Popp und Stephan Wolpe; Gustav Regler gab uns Anregungen durch Material, das zu lesen er uns vorschlug. Viel geholfen hat uns Arnold Czempin, der gleichzeitig unser kaufmännischer Direktor war.

Immer habe ich das Lied geliebt, das den Schluß unserer *Mausefalle* bildet: „Es wird die neue Welt geboren/aus Elend, Hunger, tiefster Not,/viel Klassenkämpfer liegen tot,/jedoch kein Opfer ist verloren" – geschrieben hat es Ludwig Renn.

Gleich Anfang März 1933 hatten die Nazis unser Theaterstück *Wer ist der Dümmste?* verboten. Wir, die *Truppe 1931*, spielten es im *Kleinen Theater Unter den Linden*, und der Dümmste in diesem Stück war Hitler. Wir hatten das Gefühl, daß wir uns danach nicht mehr so gewaltig sicher fühlen durften. Wir schliefen wenig in unserem eigenen Zuhause, sondern bei Freunden oder bei meinen Eltern. An einem besonders schönen Abend – wir mußten uns neue Sachen holen, um uns umziehen zu können, es war warm geworden Anfang März – gingen wir in die Bonner Straße 9, wo wir wohnten, dicht am Breitenbachplatz. In unserer kleinen Wohnung, die aus anderthalb Zimmern bestand, einem hübschen Balkon, einer großen Küche und einem Bad, hatten wir es plötzlich schrecklich satt, uns in fremde Betten zu legen, und wir bekamen Lust, wieder mal in unseren eigenen vier Wänden zu übernachten. Außerdem war Theo Balk, der damals das kleine Zimmer bewohnte, nicht da, er hielt sich sicher bei seiner Freundin auf, ganz in der Nähe, im Künstlerblock am Laubenheimer Platz.

Noch bevor der Morgen richtig graute, merkten wir irgendwelche große Unruhe auf der Straße, und wir waren entsetzt, als wir unten einen ganzen Kordon von SA-Leuten sahen. Sie hatten den Künstlerblock, er heißt übrigens noch heute so, umstellt. In diesem Block wohnten wirklich sehr viele Künstler, die selbstverständlich das Herz auf der linken Seite hatten, und unter ihnen natürlich Genossen.

An diesem Morgen, diesem schrecklichen Morgen, wurde gerufen: „Fenster zu!“, und es dauerte nur ein paar Minuten, da klopfte es an unserer Tür. Ein SA-Mann und, zu unserem großen Erstaunen, auch ein Polizist kamen in unsere Wohnung und sagten: „Ja, ja, lassen Sie uns mal herein, wir wissen, wer Sie sind, und wir wollen mal sehen, was Sie hier so haben.“

Der SA-Mann war recht dürr – brutal, nein, nicht brutal, das ist so ein dummes Wort, er war dürr in seinen Worten und im Aussehen. Er guckte sofort unter die Betten und rief: „Na, da sind ja die Fahnen.“ Wir hatten natürlich eine rote Fahne, mit Hammer und Sichel, das war selbstverständlich.

Dann gingen beide an das Bücherregal. Nun wurde es ernst. Der SA-Mann sagte zu Günter: „Sie sind verhaftet, los, los!“ Dann brachte er ihn an die Treppe und sagte zu mir: „Na, was ist, Sie auch!“

Der Polizist schaltete sich ein. „Das mit der Frau erledige ich. Ich habe ja den Haftbefehl in der Tasche.“

Der SA-Mann brachte Günter hinunter, der wohl unten in Empfang genommen wurde, ich konnte es nur ahnen, und kam zurück. „So, jetzt will ich Boden und Keller sehen.“

Ich sagte: „Einen Keller gibt es in diesem Haus nicht, und eine Bodenkammer haben *wir* nicht, denn wir haben nichts auf dem Boden.“ Dabei zitterte ich innerlich schrecklich, denn während wir Ende 32 auf Tournee gewesen waren, hatte die Parteigruppe unseren Boden für die Lagerung von Propagandamaterial benutzt – und ich wußte, daß es niemand mehr abgeholt hatte. Ich sagte kühn: „Ich habe auch gar keinen Schlüssel." Und das stimmte. Den Schlüssel hatte ein Genosse.

Der SA-Mann sagte: „Erzählen Sie keinen Quatsch, kommen Sie mit rauf." Er führte mich nach oben. Aber ich hatte Glück. Die erste Bodenkammer, gleich rechts, als wir hinaufkamen, stand vollkommen leer. Ich sage: „Sehen Sie, sie ist leer. Da braucht man auch keinen Schlüssel, es hängt nicht einmal ein Schloß dran." Meine Beteuerungen überzeugten den Mann, er gab mir einen Schubs – und ich trudelte die Treppe hinunter, und der Polizist sagte noch einmal: „Ja, lassen Sie nur, ich erledige das mit der Frau."

Der SA-Mann ging auch wirklich. Der Polizist schloß die Tür. „Sie sind doch die Schwester von der Camilla, nicht wahr?"

„Ja, das bin ich."

„Ich bin hier vom Revier." Ich wußte, das waren zum großen Teil SPD-Genossen. „Haben Sie einen Paß?"

„Doch, den habe ich."

(Wir waren im Dezember 1932 mit unserem Stück *Die Mausefalle* auf einer großen Tournee gewesen, auch in der Schweiz und im damals separaten Saargebiet, wir hatten jeder einen gültigen Paß.)

„Dann stecken Sie ihn in die Tasche, und kommen Sie mit! Ich werde Sie durchbringen."

Ich verdanke diesem Mann wirklich meine Freiheit. Er nahm mich mit einem Griff, der nach Amtshandlung aussehen konnte, beim Arm, die Treppe hinunter auf die Straße und sagte zu den SA-Leuten: „Mit ihr ist alles in Ordnung, sie geht jetzt zur Probe.“ Derweil war es zwar schon etwa acht Uhr geworden, aber natürlich ein bißchen zu früh, um zur Probe zu gehen. Doch das wußten diese Leute ja nicht. Der Polizist schleuste mich tatsächlich durch alle Ketten hindurch und – ich war frei!

Ich wollte nicht zu meinen Eltern, meine Mutter war nicht auf dem Posten, die Aufregung hätte sie sicher sehr mitgenommen. So ging ich zu meiner Tante Ella, einer Nenntante. Über Jahrzehnte war sie mit meinen Eltern befreundet, mit meiner Mutter bis zu ihrem Tod.

Genau wie meine Mutter hatte Tante Ella, blond, blauäugig und von sanfter Molligkeit, einen Österreicher geheiratet, den Bankier Victor Pilzer. Pilzers hatten keine Kinder, so verwöhnten sie meine Schwester und mich. Bei Tante Ella eingeladen zu sein war etwas Besonderes. Noch heute bin ich überzeugt, daß kein anderer Mensch bei meiner Schwester einen so nachhaltigen Eindruck hinterlassen hat wie diese Frau.

Sie verstand zu leben. Die Wohnung – fünf Zimmer in einem Haus mit Fahrstuhl, damals bedeutete das schon etwas – war eingerichtet mit den Möbeln des ausklingenden Jugendstils, ein Zimmer aber, das gehörte zum guten Ton, mit denen des Biedermeier. Auch die Reproduktion von Böcklins *Toteninsel* fehlte nicht.

Meine Schwester und ich liefen oft unter dem Vorwand, einen Spaziergang zu machen, in Wirklichkeit aber, um bei Tante Ella zur „Jause" zu erscheinen, von unserem Hause in Wilmersdorf die halbe Stunde bis zu ihr. Wir wurden liebevoll empfangen und bekamen im Erker an dem mit schönen Silberkannen und -dosen gedeckten Tisch Schokolade und frisches Gebäck mit wunderbarem Gelee, eingekocht von Luise, der Seele des Hauses, die Tante Ella verwöhnte, alles sauberhielt, uns zu unseren Geburtstagen schöne Kuchen buk. Als ich größer war, ging ich mit meinem ersten ernsten Kummer zu Tante Ella.

In der schrecklichen Situation der Verhaftungen wußte ich, daß ich dort, sie wohnte in einer vornehmen Gegend am Kurfürstendamm, in der Clausewitzstraße, auch wenn ich beschattet werden sollte, vorerst sicher sein würde. Tante Ella, eine richtige Berlinerin mit Herz vor allem, nicht mit „Schnauze", mit einem großen Herzen, das auch bei ihr links saß, war sofort bereit, mich aufzunehmen. Sie war reich. Als Friedrich Wolf seine Kampagne gegen den Paragraphen 218 führte, hatte sie sich als Frau, die abgetrieben hatte, gemeldet und auch Geld für diese Kampagne gegeben.

Tante Ella riet mir, Berlin zu verlassen und am besten ins Ausland zu gehen. Ich sagte: „Gut, aber vorher muß ich meine Genossen fragen, ob sie einverstanden sind."

Ich fuhr zu Dr. Arnold Czempin, dessen schönes Antiquitätengeschäft am Lützowplatz eine gute Tarnmöglichkeit bot. Im Hinterzimmer hatten wir oft unsere Parteiversammlungen abgehalten.

Es war auch verabredet worden, daß wir uns bei ihm melden sollten, wenn irgend etwas geschähe. Arnold sagte: „Fahr nur. Gustav ist mit der Inge schon fort – und bei dieser Situation, der Günter verhaftet und gegen dich ein Haftbefehl …"

Ich wollte nur nach Rahnsdorf-Mühle, wo Freunde meiner Eltern ein Haus besaßen, um nicht so weit vom Günter entfernt zu sein. Aber Arnold meinte, das wäre zu gefährlich, man würde mich dort kennen, mißgünstige Leute könnten mich anzeigen, denn man wüßte ja, daß ich zu einer kommunistischen Theatertruppe gehörte. Ich sollte besser in die Schweiz fahren und versuchen, bei Freunden, Grete und Carl Hubacher, unterzukommen. Grete kannte ich schon von meiner Gymnastiktanzzeit her, sie war Genossin.

Tante Ella ging mit mir zum Reisebüro am Lehniner Platz und kaufte mir eine Fahrkarte erster Klasse in die Schweiz. Sie meinte, das sei am unauffälligsten. Noch am Abend ging der Zug. Tante Ella hatte derweil mit meinem Vater gesprochen und auch mit den Eltern von Günter und gesagt, die Kinder hätten Schwierigkeiten, am Abend zu kommen; der Günter sei verhindert, und die Steffie wolle gern ein bißchen wegfahren. Man muß dazu wissen, daß im März 1933 die Überwachung noch nicht perfekt war und keineswegs jeder, der Verdacht auf sich gezogen hatte, lückenlos bespitzelt wurde.

Ich stand auf dem Bahnhof, und mein Vater kam, auch die liebe Tante Ella. Sie hatte mir noch Geld gegeben und in einem kleinen Fiberkoffer lauter Sachen von ihr, denn selbstverständlich war ich nicht wieder in meine Wohnung gegangen. Am Abend kam der *Völkische Beobachter* heraus. Wir kauften ihn. Ein riesiges Bild mit der Unterschrift „Die intellektuellen Rädelsführer“ auf der Titelseite, und gut zu erkennen der Günter, der Theo Balk und der Curt Trepte. Ich war erschüttert, ließ mir aber nichts anmerken und las die Zeitung in meinem vornehmen Abteil, als wäre nichts dabei.

Der Weg bis Basel war sehr aufregend. Ich weiß nur, daß ich immer wieder auf den Gang ans Fenster ging und mir alles genau ansah. Ich wollte wissen, ob jemand vor meinem Abteil stand, und ich hatte das Bedürfnis, noch einmal die deutsche Landschaft zu betrachten. Meine Empfindung war: Das dauert lang, bis ich alles wiedersehen werde.

Als ich in Basel vom Badischen Bahnhof zum Schweizer Bundes-Bahnhof hinüberfuhr, hatte ich nicht das Gefühl, gerettet zu sein – nein, nein, gar nicht. Ich hatte das Gefühl: Jetzt beginnt ein neues Leben.

Im März 1933 in Zürich ankommen, die Bahnhofstraße bis zum Zürich-See hinuntergehen, eine Telefonzelle betreten und bei Carl und Grete anrufen, sagen: „Ich bin hier!“, und als Antwort hören: „Komm, wir erwarten dich!“ – nur wer in der tiefsten Ungewißheit gelebt hat, wer das Leben nicht mehr allein, sondern bloß mit Hilfe anderer Menschen bestehen konnte, nur der weiß, was Freundschaft bedeutet. Für immer seien Hubachers bedankt.

Günter war am 15. März verhaftet worden. Ende Mai sahen wir uns wieder.

Günter kam vor dem Haus auf ein offenes Polizeifahrzeug. Er saß neben Theo Balk. Es ging zuerst zum Bonner Platz, dicht am Südwestkorso. Im offenen Wagen auf weitere Verhaftete wartend, wurden sie von einer Meute ausgelacht, angespien und beschimpft. Wer hätte geglaubt, daß sich in dieser „guten" Gegend so schnell ein Mob zusammenrotten würde. Wenn das nicht organisiert war! – Dann fuhr der Wagen zum Alexanderplatz.

Im Polizeipräsidium wurden sie in den Keller eingeschlossen, in dem bereits viele Männer hockten. Keine Frauen. Es sprach sich schnell herum, daß der „Mungo" Günter (*Wer ist der Dümmste?*) und „Herr Fleißig" alias Curt Trepte (*Die Mausefalle*) aus der *Truppe 1931* mit dem letzten Zugang gekommen waren. Die Genossen haben sich schützend vor sie gestellt, wenn die Kellertür aufging und die Zunächststehenden ergriffen wurden, die man nie wieder sah.

Am anderen Morgen wurden Namen, darunter auch Günters, aufgerufen. Wieder auf Polizeiwagen gesetzt, ging es ins Gefängnis Moabit. Günter kam in Einzelhaft. Sein Wärter war, wie man so sagt, ein anständiger Mensch, der die Welt nicht mehr verstand, daß ein so freundlicher, höflicher Mann, der gewiß keiner Fliege was zuleide tun konnte, nun bei ihm in der Zelle saß.

Günter sprach lange Gedichte vor sich hin. Er machte Spaziergänge, indem er nach vielen Schritten (vier vom Zellenguckfenster zur Zellentür) die

Stationen ausrief, die vom Untergrundbahnhof Breitenbachplatz zur Endstation Thielplatz führten. Er tat, als ginge er die Treppen hoch, und atmete stark ein, da er ja jetzt im Freien war. Nur ein Mensch mit Phantasie ist imstande, mit Einzelhaft fertig zu werden.

Es gab keine Vernehmung, niemand fragte nach ihm. Einmal brachte der Wärter frische Wäsche, einen Anzug und Schuhe für ihn in die Zelle. Das wäre abgegeben worden. Kein Gruß, kein Zettel, nichts. Nur daß die Sachen aus unserer Wohnung stammten, erschien Günter sicher.

Derweil waren draußen die Genossen, Eltern, Freunde nicht untätig geblieben. Wer was organisiert hatte, wußte Günter nicht. Tatsache ist, daß Eduard von Winterstein, Arnolt Bronnen und mein Vater sich um Günter bemühten und wohl auch Erfolg hatten. Günter sei kein großer Fisch bei den Kommunisten, er habe nur in der „roten Gewerkschaftsopposition“ mitgearbeitet, das sei doch nicht so ein Verbrechen. Wie auch immer: am Morgen des 28. Mai wurde Günter ohne irgendein Verhör, Gerichtsurteil oder sonst etwas, genauso sang- und klanglos aus der Zelle herausgeholt, wie man ihn hineingebracht hatte.

Er ging zu seinen Eltern. Er tat das gleiche wie ich zehn Wochen vorher: Er löste eine Fahrkarte nach Zürich, steckte seinen Paß ein, nahm einen kleinen Koffer und fuhr im gleichen Zug abends um neun völlig legal über die Grenze. Bei seinen Eltern aber, das erfuhren wir später in Paris, war schon gegen zehn die SA erschienen, um Günter ins Konzentrationslager zu holen. Sie fluchten gewaltig, es könne keine Entlassung gewesen sein, Günter sollte in „Schutzhaft", wie das damals hieß, genommen werden.

Abgeholt vom Bahnhof in Zürich habe ich Günter nicht. Ich lag bei Hubachers im schönen Zimmer von Sohn Uli, fünf Jahre alt. Nach einer schlimmen Angina hatte ich schon seit über vier Wochen Knoten-Rheumatismus. Friedrich Wolf, der auch durch Hubachers aufgenommen worden war, hat mich mit warmen Packungen geheilt, die mich sehr lange ans Bett fesselten.

In dieser Zeit entstanden Teile des Stücks *Professor Mamlock*. Friedrich Wolf ruderte auf dem Zürich-See und diktierte einem schönen blonden Mädchen. Am Abend saß er an meinem Bett und las mir und später dann auch Günter den jeweils am Tag geschriebenen Dialog vor.

Friedrich Wolf war es auch, der feststellte, daß ich keine „eingebildete", sondern eine echte Schwangerschaft hatte. Der Arzt der Hubachers, der meine Angina behandelt hatte, bevor Friedrich ankam, meinte auf meine Sorge, ich sei schwanger, bei starken seelischen Erschütterungen käme es oft vor, daß die Periode ausfiele. Zu Grete aber sagte er, ich, die Schauspielerin, sei sicher leicht hysterisch und bildete mir es nur ein.

Günter und ich hätten schon immer gerne ein Kind gehabt, doch die Verhältnisse, die warn nicht so. Natürlich war der Zeitpunkt nun der allerschlechteste. Nach meinen Krankheiten aber wollte selbst der hervorragende Dr. Bruckbacher keine Unterbrechung vornehmen.

Später habe ich mit Günter in Zürich sogar

Theater gespielt. Adele Sandrock, Julius Falkenstein und Felix Bressart waren nach Zürich gekommen, nicht sicher, ob sie emigrieren sollten. Sie gaben ein Lustspiel, ich weiß nicht mehr welches. Günter und ich hatten darin kleine Rollen. Für uns war es ein großes Glück, auf diese Weise Geld zu verdienen und nicht mehr unseren Freunden auf der Tasche liegen zu müssen.

Wir zogen, als es mir wieder besser ging, in das schöne große Haus am Dolder, das Carls Vater, der Kantonsapotheker, besaß. Solch eine Gastfreundschaft wie in dieser Familie habe ich nie wieder gefunden. Sie bleibt unvergessen.

Außer uns wohnte dort auch Dr. Angeluscheff, ein bulgarischer Arzt, den die Nazis mit Dimitroff verwechselt und furchtbar zusammengeschlagen hatten. Man ließ ihn frei, als man merkte, wer er war. Bevor ihn die Faschisten wieder einsperren würden, hatten die Genossen ihn über die „grüne" Grenze gebracht. Auch Friedrich Wolf war auf diesem Weg in die Schweiz gelangt. Beide wohnten nun ebenfalls beim „Großpapa" – ein Wort, das der reizende kleine Uli Hubacher unnachahmlich aussprach.

Vom 1. Juli an machten Günter und ich eine Tournee mit unserem Lustspiel. Die letzte Station war Biel am schönen Bieler See. Von dort wanderten wir über den Jura nach Frankreich.

WIR liefen vom Bieler See bis Besançon mit dem Rucksack auf dem Rücken, den kleinen Koffer hatten wir vorausgeschickt zum Pariser Gare du Nord. Wir machten uns im wahrsten Sinne des Wortes auf die Beine und überschritten hinter La Chaux-de-Fonds bei einem fürchterlichen Regen die Grenze nach Frankreich. Beim Grenzhaus stand natürlich niemand draußen. Wir klopften also und gingen hinein. Die Zöllner sagten: „Oh, verzeihen Sie, wir haben Ihr Auto nicht gehört."

„Nein, nein, wir haben kein Auto."

„Sie sind mit dem Motorrad gekommen?"

„Wir haben auch kein Motorrad."

„So", sagten sie schon etwas abfällig, „vielleicht ein Rad bei dem Wetter?"

„Nein, wir sind zu Fuß gekommen."

Da sahen sie uns ganz erstaunt an. „Was denn, zu Fuß, aber Sie haben doch ein ordentliches Visum."

So war unser Eintritt in Frankreich. Wir sind dann mit einem Pferdewagen weitergefahren, uns nahm ein Mann mit, der hob mich hinauf auf seinen etwas geschützteren Kutschbock, zeigte stolz auf seine Pferdchen und sagte, er könne auch etwas Deutsch, zeigte und sagte „Schwein". Wir ließen ihn dabei.

Der 14. Juli ist der Nationalfeiertag der Franzosen, der 12. ist der Tag der Jeanne d'Arc. In der Gegend, in die wir kamen, wird der Tag der Jeanne d'Arc ganz besonders gefeiert, das Fest dauert mehr als drei Tage. Als es Abend wurde, langten wir in einem schönen großen Dorf an; wir waren überrascht, es war wie bei Gargantua. Die Kühe brüllten, die Hühner standen auf den Buden, Buden zum Schießen, zum Werfen, zum Würfeln, ein Karussell. Aber kein Mensch war zu sehen, kein Karussell lief mehr. Es gab ein einziges Wirtshaus, in das gingen wir. Dort schien sich das ganze Dorf versammelt zu haben, man trank, lärmte, sang. Ich war im fünften Monat, man konnte sehen, daß ich schwanger war. Wir fragten die Wirtsfrau, ob wir bei ihr übernachten könnten. Sie lachte. „Mein Mann und ich werden in dieser Nacht wohl überhaupt nicht zum Schlafen kommen, Sie können unsere Ehebetten haben. Gehen Sie nur hinauf, Sie sind sicher müd."

Wir nahmen noch eine Flasche Rotwein mit, die zwei Franc kostete, wir hatten ja etwas verdient und kamen uns reich vor, auch die Übernachtung würde die Welt nicht kosten, und stiegen die steile Treppe hinauf. Das Zimmer war sehr sauber, und die Betten!, unsere ersten französischen Betten, wunderbar groß und weich, wir fielen hinein. Allerdings lag unter unserem Fenster eine Rinne, da schlugen die Männer mit lautem Lärmen ihr Wasser ab, sie waren alle betrunken. Nicht weit entfernt lief auch ein Boulespiel, man schlägt an eine große Kugel, die muß an eine nächste klicken. Die Flasche Wein machte es schließlich möglich, daß wir dennoch fest schliefen.

Am nächsten Morgen hörten wir unten noch immer Lärm, wir zogen uns an, gingen hinunter und fragten die Wirtin, ob wir ein kleines Frühstück bekommen könnten. Aber die arme Frau war vor Ermüdung fast von Sinnen. „Was denn, Kaffee, jetzt. Hier haben Sie eine Flasche Wein, für ein paar Centimes bekommen Sie ein großes Stück Emmentaler in der Käsefabrik hier im Ort, der Bäkker hat sowieso nicht gebacken. Trinken Sie Wein und essen Sie ein anständiges Stück Käse, Sie werden sehen, wie das munter macht."

Für die Übernachtung wollte sie nichts haben, sie merkte natürlich, daß wir keine Franzosen waren, und wenn Fremde durch ein Dorf laufen, dann haben sie bestimmt kein Geld.

Jetzt blökten auch die Kühe ganz fürchterlich, weil sie nicht gemolken waren, und das Dorf machte einen noch tolleren Eindruck, die Leute lagen nun auf der Straße, völlig betrunken oder glücklich zusammen. Die Fabrik fanden wir nach dem Geruch, und die Arbeiter, die ebenfalls am Feiern und Trinken waren, lachten und fragten: „Was wollen Sie? Ein Stück Käse?" Und gingen und holten ein Riesenstück.

Dann sind wir weitergelaufen und kamen durch einen herrlichen Buchenwald. Von Besançon aus sind wir mit dem Autobus nach Dijon und schließlich mit dem Zug nach Paris gefahren.

Im Jüdischen Krankenhaus habe ich am 24. November 1933 um achtzehn Uhr meinen Sohn Tomas geboren. Das war ein in Paris seltener Tag: Es schneite. Meine Mutter, aus Berlin gekommen, um mir bei der Geburt beizustehen, traf uns in einem winzigen Zimmer des Hotels Deux Portes am Boulevard Saint-Germain. Meine Mutter weinte, als sie uns in dieser für sie schrecklichen Umgebung sah. Ein Zimmer. Das große französische Bett. Auf den Marmorplatten der beiden zusammengestellten Nachtkästen der zweiflammige Spirituskocher, der es uns erlaubte, selbst zu wirtschaften. In den Fächern der Nachtkästen Geschirr. In einem PLACARD, einem Wandschrank, unsere Kleidung, und die Wäsche im Koffer am Fußende des Bettes. Ein Tisch, zwei Stühle – das war die Einrichtung.

Der Lärm des Boulevard ließ auch in der Nacht nicht nach. Das Hotel *Zu den zwei Türen* wurde von Pärchen besucht, die stundenweise logierten. Ich habe dort erlebt, daß die Ehefrauen bis zur Eingangstür des Hotels mitkamen, sich dann in das Café setzten, das zum Haus gehörte, und nach anderthalb Stunden ihren Mann wieder abholten. So gab es zu dieser Zeit in den Kreisen des katholischen Mittelstandes keine Scheidungen. Was für eine einfache Lösung des Problems …

Meine Mutter suchte uns sofort ein anderes möbliertes Zimmer mit Küche, das auf der Straße zum Bahnhof Montparnasse lag. Auf der anderen Seite der Rue de Rennes, vis-à-vis unseres neuen Zimmers lag ein Kino, dessen Lichtreklame zwar Licht sparte, das Geläute vor jeder Vorstellung aber störte sehr. Zehn Tage vor meiner Niederkunft zo-

In Wilhelm Hauffs Novelle „Die Bettlerin vom Pont des Arts“ (1826) ist zu lesen: „Wir wohnten an der Place des Victoires und wählten zum Rückweg gewöhnlich den Pont des Arts, um das Louvre zu durchschneiden und uns einen Umweg durch die Seitenstraßen zu ersparen. Eines Abends – es hatte etwas geregnet, und der Wind wehte besonders in der Nähe des Flusses sehr kalt und schneidend – gingen wir vom Quai Malaquais über den Pont des Arts dem Louvre zu. Der Pont des Arts ist nur für Fußgänger zugänglich, und so kam es, daß um diese Zeit nicht mehr viel Leben um und auf der Brücke war.“ – Das Photo von János Reismann zeigt den Pont des Arts mehr als hundert Jahre später.

gen wir dort ein. Das Zimmer war groß, zwei Fenster. Ich konnte in der Nacht atmen ohne Angst, daß mein Bauch allen Sauerstoff, den der Raum hergab, sofort verschluckte. Im Zimmerchen des „Deux Portes" hatte es in nur fünf Meter Abstand vor dem einzigen Fenster eine Mauer gegeben.

Tomas habe ich ganz leicht geboren. Da wir kein Geld hatten, konnte ich vorher keine „köstlichen Speisen" zu mir nehmen. Wir ernährten uns von Reis mit Tomaten, einmal in der Woche hatten wir Kaninchenrücken oder -keule. Als die Tomaten nach der Saison verschwanden, wurden sie durch Champignons ersetzt, die damals sehr billig waren. Auch lernte ich LA SOUPE kochen: Suppengrün, mit Schoten oder grünen Bohnen aufgebessert, wird in Öl gedünstet, ist alles gut geröstet, wird die Quantität an Wasser dazugegeben, die man für seinen Haushalt braucht; man läßt gut durchkochen, salzt, und fertig ist eine köstliche Suppe. Davon wurde man nicht dick, und das Baby blieb leicht. Tomas wog bei seiner Geburt nicht mehr als zwei Kilo und dreihundert Gramm.

Da der Winter überraschend kalt war (unser neues Zimmer hatte zwar Zentralheizung, die aber nur sparsam wärmte), wurde er in Watte gepackt. Die Mami hatte für ein hübsches Körbchen und warme Kissen gesorgt. Milch hatte ich nicht viel, man bestrich mir im Krankenhaus die Brustwarzen mit Zucker, damit der junge Mann mehr Lust zum Trinken bekam. Immer haben ihm die zwei Kilo zum Normalgewicht gefehlt, was sehr oft zum Problem wurde.

In Paris, im Jahr der Weltausstellung 1937 wurde Tomas, nach einer schweren Bronchitis, durch die Gunst von Hannah Eisfelder, die einem DISPENSAIRE, einer Poliklinik, vorstand, zur Nachbehandlung, da auch Tbc-Verdacht bestand, für ein halbes Jahr in die Schweiz, nach Ascona in ein Kinderheim verschickt. Tomas war ein durchaus lustiges Kind. Zu Hause sprachen wir deutsch, war er mit seinen Spielkameraden oder bei Nachbarn, kamen ab und zu schon französische Wörter dazu, die er völlig richtig gebrauchte. Er war mit seinen dreieinhalb Jahren kein Sprachgenie, auch sein Deutsch bestand vor allem noch aus kurzen Sätzen, aber er hatte keine Sprachhemmungen. Natürlich, er blieb zu dünn, die Krankheit hatte ihn besonders mitgenommen, er sah beängstigend aus.

Mit anderen Kindern, größeren natürlich, fuhr er, begleitet von einer netten „Tante“, die er vorher kennengelernt hatte, damit es nicht gar so fremd wurde, vom großen Gare d'Austerlitz ab. Günter und ich hatten uns keine Gedanken gemacht, ob Tomas sich in seine neue Umgebung eingewöhnen würde. Wir kannten ihn als ein mitteilsames, freundliches, sich leicht anschließendes Kind.

Von der Leiterin des Heimes bekamen wir alle zwei Wochen einen kurzen Bericht, dazugelegt immer ein Bildchen, vom Tomas gemalt. Die Berichte waren sachlich und stets positiv, was Tomas' Entwicklung anging. Nach zwei Monaten aber kamen gleich zwei Briefe, einer aus Ascona und einer von Hannah Eisfelder. Der Brief aus Ascona setzte uns in nüchternen Worten davon in Kenntnis, daß Tomas zwar völlig gesund sei, daß er sich aber weigere zu sprechen. Einer von uns müsse kommen, um ihn abzuholen oder aber ihm wieder in seine normale Lust zum Sprechen zu bringen. Wir waren tief betroffen. Da die Nazis uns ausgebürgert hatten, besaßen unsere deutschen Pässe keine Gültigkeit mehr. Hannah Eisfelder schlug mir in ihrem Brief vor, eine Gruppe von Kindern nach Zürich zu begleiten und dann auf ihre Kosten nach Ascona zu fahren, um Tomas zu besuchen. Natürlich nahm ich dieses Angebot sofort an.

Alles ging mir nun nicht schnell genug. Aber ich mußte mich gedulden, da man mir erst einen „Nansen-Paß“ besorgen mußte, damit ich Frankreich verlassen, in die Schweiz ein- und ausreisen und zurück nach Frankreich kommen konnte. (Fridtjof Nansen hatte seinen Nobel-Friedenspreis seinerzeit für solcherart Hilfsaktionen gestiftet.) Nur wer es durchmachen mußte, ein „Objekt“ zu sein, abhängig von der Freundlichkeit der Behörden, wer bald zu dieser, bald zu jener Stelle laufen mußte, um am Ende doch die so notwendigen Papiere zu bekommen, nur der weiß, was Ungewißheit bedeutet.

Der Zug fuhr mir dann auch nicht schnell genug. In Zürich mußte ich übernachten, weil es keinen Anschluß gab. Am Bahnhof von Ascona holte mich die Leiterin des Heims ab und sagte mir noch einmal, was sie uns schon geschrieben hatte. Ich bat sie, Tomas ohne Beisein eines fremden Menschen wiederzusehen. Der Raum, in dem ich auf ihn wartete, war ziemlich groß; ich weiß nur noch, daß ich den Eindruck von Pflanzengrün hatte, während ich auf die Tür starrte. Dann kam Tomas. Wir liefen aufeinander zu, ich umarmte, küßte ihn, Tränen in den Augen, er aber warf den Kopf zurück und rief mir zu: „Ich bin kein Fisch, ich bin nicht stumm."

Der BAL NÈGRE war ein einmaliges Erlebnis für uns. Heute gibt es ihn wohl nicht mehr.

In der Rue Blomet gab es einen nicht sehr großen Saal, allerdings mit einem Rang, dort wurde die beste Jazzmusik gemacht. In diesem Etablissement verkehrten hauptsächlich farbige Soldaten, aber auch einige Weiße; die waren reich und saßen oben im Rang; sie sahen sich die sonst nur in den teuersten CABARETS aufgeführten Nummern noch einmal an.

Dort sangen, musizierten und tanzten Neger, das Einmalige war, daß all diese großartigen Jazzer und Tänzer nach ihren Vorstellungen selbst in die Rue Blomet zum Tanzen kamen. Die Kapelle ergänzte sich immer wieder aus den dazukommenden Kollegen. Da ging ein Klarinettist vom Podest herunter auf die Tanzfläche, und ein Kollege löste ihn mit seinem eigenen Instrument ab. Das Besondere waren dieser ständige Wechsel und der unbeschreiblich temperamentvolle Tanz.

Günter und ich, die wir leidenschaftlich gern tanzten, aber kein Geld hatten, um in eine der teuren Nachtbars zu gehen, fanden dort die Möglichkeit, diesem Vergnügen wenigstens zuschauen zu können. Auf die Tanzfläche gingen wir nicht, wir wagten nicht, uns unter diese hervorragenden Tänzer zu mischen.

Nachdem wir vielleicht das drittemal dort gewesen waren, kam der Chef der Hauses, ein sehr großer, gut ausschauender Neger, an unseren Tisch. Er fragte Günter, ob er mit mir tanzen dürfe. Ich bin in meinem Leben nicht mehr so stolz gewesen wie damals, als ein so hinreißend tanzender Mann mich in seine Arme nahm und mit mir tanzte, ohne daß ich mich blamiert hätte unter diesen wirklichen Könnern.

Damit hatte ich auch Günter und mir die Erlaubnis ertanzt, gemeinsam auf das Parkett zu gehen. So sind wir auf billige Weise zu unserem größten Vergnügen gekommen. Wir gehörten dort dazu, und wir waren sehr stolz darauf.

Am Anfang war es sehr schwierig, sich in Paris zurechtzufinden. Einige Freunde und Genossen aus unserer ehemaligen Parteizelle und andere emigrierte Schriftsteller hatten sich zusammengefunden. Wir berieten, was man tun könne. Auf Initiative von Rudolf Leonhard, der schon mehrere Jahre in Frankreich lebte, wurde im Oktober 1933 der *Schutzverband Deutscher Schriftsteller im Exil* (SDS) gegründet, nachdem die Nazis ihn in Deutschland verboten hatten. Ehrenpräsident wurde Heinrich Mann. Mitglieder waren Anna Seghers, Egon Erwin Kisch, Recha Rothschild, Joseph Roth, Hermann Kesten, Max Schroeder, Theo Balk, Bodo Uhse, Kurt Stern, Arthur Koestler, Gustav Regler, Alfred Kantorowicz und viele andere. (Von den drei letztgenannten haben wir uns später getrennt.) Jeden Montagabend veranstaltete der SDS eine Zusammenkunft im SOUS-SOL des Cafés

Mephisto an der Ecke Boulevard Saint-Germain/ Rue de Seine.

Rudolf Leonhard, den Sekretär, sehe ich noch vor mir, wie er mit seinem eleganten Stock, der von einer Kette am Handgelenk gehalten wurde, die Stufen zum Keller des Cafés Mephisto hinunterkam. Auf unnachahmlich vornehme Art bestellte er einen Kaffee und dazu einen Kognak, als wäre er ein Grandseigneur und könnte noch mindestens zehn Kongnaks nachbestellen. Wenn es nötig war, den schönen Saal an der Place Saint-Germain des Prés zu mieten, so tat das Leonhard. Auch Kisch entwickelte organisatorische Talente.

Wir wenigen Schauspieler schlossen uns dem SDS an. Ich saß für sie in der Leitung. Wir halfen bei der Gestaltung der Montagabende. Oft wurden ja Schauspieler gebraucht, sei es, um aus unveröffentlichen Manuskripten eines Schriftstellers zu lesen, sei es für eine Rezitation, die das Thema des Abends begleitete. An den Vorbereitungen solcher Programme nahmen auch Musiker und Maler teil. Von den Musikern war es meistens Eberhard Schmidt, von den Malern oft Eugen Spiro. Zu den seltenen Gästen gehörte Willi Münzenberg.

Es bestand ein guter Zusammenhalt zwischen Genossen und Freunden. Wir hatten enge Verbindungen miteinander und konnten schnell etwas auf die Beine bringen. Hauptsächlich Leonhard und Regler stellten Kontakte zu französischen Schriftstellern her. Von ihnen war es besonders Jean Richard Bloch, der öfter zu den Sitzungen kam und selbst einen Abend im Café Mephisto übernahm, unterstützt von Regler als Übersetzer.

Ein Abend mit Paul Vaillant-Couturier ist mir ebenfalls in der Erinnerung geblieben. Es gab damals viele sehr begabte Menschen, die für die Partei und mit der Partei gearbeitet haben. Aber die Partei hat das, scheint mir, nicht so genutzt, wie es möglich gewesen wäre.

Willi Münzenberg spielte in der Pariser Kulturarbeit eine große Rolle. Ohne ihn wäre manches nicht zustande gekommen. Egon Erwin Kisch hat sein erstes Buch nach der Emigration im Carrefour Verlag durch Münzenberg drucken lassen und Anna Seghers ihren Roman *Der Weg durch den Februar*. Münzenberg war es auch, der sehr oft das Geld für Veranstaltungen besorgte. Bei ihm holte ich mir Rat, wie wir zu Geld kommen könnten, um aus Svendborg Helene Weigel und aus der Schweiz Slatan Dudow nach Paris zu holen, denn wir wollten *Die Gewehre der Frau Carrar* spielen. Er und Babette Groß-Münzenberg rieten mir, zu Hugo Simon zu gehen, der bei der Arbeit in den *Freundeskreisen der deutschen Volksfront* half.

Als das Verfahren gegen Münzenberg begann, gehörte ich der Emigrationsleitung der Partei an, der Siegfried Rädel vorstand. Als einzige enthielt ich mich bei der Abstimmung der Stimme. Eigentlich hatte ich gegen den Ausschluß stimmen wollen. Mein Argument war, daß ich, erst 1931 in die Partei aufgenommen, zu wenig praktische Parteierfahrung hätte und mich nicht in der Lage sehen würde, einen Mann wie Willi Münzenberg auszuschließen. Außerdem meinte ich, ein Mitglied des ZK könne auch nur vom ZK ausgeschlossen werden und nur in Anwesenheit. Münzenberg war für mich der Begründer der IAH (*Internationale Arbeiterhilfe*), der Organisation, die der Sowjetunion in den schwierigen Jahren des Anfangs, durch die Hungersnot von 1921 noch mehr belastet, zuerst zu Hilfe kam.

Auch wir Schauspieler – anfangs nur wenige, dann etwa fünfundzwanzig an der Zahl – organisierten uns. Zuerst nannten wir uns *Gruppe deutscher Schauspieler.* Im Frühjahr 1934 gründeten wir das Kabarett *Die Laterne,* das in der Rue de Seine auftrat, im Saal des Monsieur Duncan, eines Bruders von Isadora Duncan. Dort fanden etwa sechzig bis achtzig Personen Platz. Der Saal war verwahrlost, die Beleuchtungsanlagen mußten wir erst in Ordnung bringen. Der Genosse Paul Krautter baute eine damals von allen bewunderte Technik. Nicht nur die Künstler, auch viele andere Freunde und Genossen halfen uns.

In unseren ersten Programmen griffen wir Sachen direkt aus unserem Leben auf. Da gab es zum Beispiel eine Szene, die in den Montparnasse-Cafés spielte. Dort saßen hauptsächlich die Wirtschaftsemigranten, die nur Luftgeschäfte machten und sich gegenseitig sozusagen vorlogen, was für große Chancen der und der haben würde, wenn er das und jenes tun würde. Selbstverständlich nahmen wir von Anfang an auch die Nazis aufs Korn, zum Beispiel in solchen Szenen wie *Der Zirkus* und *Die Müllmänner.*

Die Texte verfaßten die verschiedensten Leute. Da war Henryk Keisch. Weiter erinnere ich mich noch an Erich Berg, an Heydu und an Hoff (später:

George Raimond). Zu einer unvergessenen Nummer wurde *Ein deutsches Glockenspiel.* Wir machten uns das alte Spiel „Kaiser, König, Edelmann, Bürger, Bauer, Bettelmann“ zu eigen und funktionierten es in unsere Zeit um. Hoff schrieb es in Versen, die leider verlorengegangen sind. Der Refrain lautete: „Das Volk so groß, so klein der Mann / Wir sagen seine Stunde an.“

Die ganze Zeit über bemühten wir uns, unsere Programme so aktuell wie möglich zu halten. Jedenfalls waren wir nicht arm an Sachen, die wir aufführen oder sprechen konnten. Natürlich hat sich auch unser Kollektiv manches ausgedacht, was wir selbst oder andere für uns schrieben. Unser Komponist war über Jahre hinaus Jo Cosma, der eine wunderbare Musik machte. Klavier spielte ganz großartig ein Mann namens Gelbtrunk, der später nach Amerika ging. Unser ständiger Bühnenbildner war der Maler Heinz Lohmar.

Wir waren mit Lohmars eng befreundet. Sie hatten die gleiche Einstellung wie wir: daß sie jung seien und für ihren Lebensunterhalt selbst sorgen müßten. Hilde hatte einen Kurs als Schneiderin in einem Pariser Atelier absolviert und nähte nun für unsere Genossinnen wie auch für besser gestellte Emigrantinnen. Heinz, ein wahrer Künstler, gehörte zu den Verrückten, die sich nichts bezahlen ließen, er arbeitete nicht selten für ein paar Zigaretten und ein Essen.

Obgleich ein Choleriker, der losbrüllte, wenn er sich geärgert hatte, verstand er es vor allem anderen, Freude zu geben. Unvergeßlich ist mir ein Weihnachten. Wir hatten überhaupt kein Geld,

Eine Aufführung des Kabaretts „Die Laterne“ im Saal Duncan, Rue de Seine, Paris 1934.
Die Szene spielt unter Wirtschaftsemigranten in den Montparnasse-Cafés (z. B. Café Dôme, Café Coupole) und kritisiert deren „Luftgeschäfte“.
Von links: Günter Ruschin, Werner Florian, Unbekannt, Steffie Spira, Erika Tietze, Werner Tietze, Heinz Lohmar.
(Photo: Alf Zahn, Vanves s. Seine, 80, Avenue Pasteur)

Tomas aber sollte wenigstens einen Weihnachtsbaum bekommen. Heinz nahm die Modellbüste, die seine Frau für die Schneiderei benutzte, legte Draht um sie und schmückte das Gestänge mit glitzernden Stoffresten und einem roten Stern so aus, daß es der schönste Weihnachtsbaum wurde, den ich je gesehen habe.

Heinz hat die Bühnenbilder für alle unsere künstlerischen Unternehmungen in Paris gemacht. Das gelungenste war das zu den *Gewehren der Frau Carrar*. Ein großes Fischernetz, über die Bühne gespannt. Der Backofen aus Pappe modelliert. Ein Schemel und eine Holzbank, ein langer Tisch. Ein angedeutetes Fenster und eine angedeutete Tür. Das war alles, es kostete nur wenige Franc.

Unter uns gab es auch zwei „echte" Kabarettisten: Fred Bucher und seine Frau Barbara. Fred fand 1944 in den Kämpfen des Maquis den Tod.

Buchers und wir wohnten bis 1939 Wand an Wand in einem Hinterhaus der Rue de l'Abbé Groult 114 im 15. Arrondissement. Unsere Wohnungen waren gleich groß. Beim Eingang ein zwei Fuß kleiner Raum mit eingebautem PLACARD, zur Rechten eine winzige Küche mit einem Spülstein, einem Zwei-Flammen-Kocher samt Backrohr. Mehr als ein Mensch konnte sich kaum darin aufhalten. An Brettern hingen alle Küchenutensilien, und eine Kommode, auf der der Gaskocher stand, enthielt das Geschirr und die Töpfe. Nach links ging es in das einzige Zimmer, das verhältnismäßig groß war und schön hell durch eine Balkontür und ein Fenster. Davor ein schmaler langer Balkon. Wir wohnten im obersten Stockwerk, zur Toilette gingen wir eine halbe Stiege hinunter.

Fred und Barbara hatten keine Kinder. Tomas, damals im gewaltigen Alter von drei Jahren, wurde von ihnen mit Liebe umsorgt. Fred spielte sehr gut Bandonium und Mundharmonika. Er brachte Tomas lustige Lieder bei, und unser Freund Heinz Lohmar malte Tomas zu dessen Lieblingslied „Es ritten einst drei ungarische Husaren vom Ungarland hinauf bis an den Rhein" ein reizendes Bild von Reitern auf dicken Pferden; die zündroten Hosen leuchteten, und Pfeife, Tabaksbeutel und Schnapsflasche waren deutlich zu sehen.

Fred war ein leiser Mann, er komponierte nur nach Gehör und Rhythmus die Couplets, die Barbara sang. Er machte auch Texte. Bei allen Besprechungen über Programme und Besetzungen war er derjenige, der, wenn es hoch herging in der Diskussion, mit vernünftigen Argumenten die Ruhe wiederherstellte. Unglaublich bescheiden in seinen persönlichen Ansprüchen, ging er beinahe vernachlässigt herum, nur glücklich, wenn er für Barbara etwas kaufen konnte, die sich mit Spaß und Geschick gut anzuziehen verstand.

Fred half Heinz auch beim Herstellen der wenigen Dekorationen. Er hatte, wie das ja oft bei deutschen Männern ist, „goldene Hände". Früher hatte er ein bißchen tischlern gelernt, und es gab nichts, was er nicht zu bauen versuchte.

Nach einer Weile verließen wir den Saal von Duncan, weil er einfach zu klein wurde. Wir hatten die Möglichkeit, in dem historischen *Caveau „Camille Desmoulins"* im Palais Royal zu spielen.

Dieser Keller gehörte seinerzeit einem Tschechen, der dort ein Restaurant aufgemacht hatte. Dreimal in der Woche spielten wir auf der kleinen Podiumsbühne. Unsere Gage bestand in einem hervorragenden Gulasch, das wir vor Beginn unserer Vorstellung bekamen; außerdem gehörte uns ein geringer Prozentsatz dessen, was da zusätzlich durch das Kabarett einkam.

Immer hatten wir auch eine französische Nummer im Programm. Einmal machten wir eine richtige Entdeckung. Es war der Straßenhändler Yves Déniaud, Mitglied der KPF, der in der Gegend der Place Pigalle mit lauter Stimme, vielen Gesten und Witzen Krawatten anpries. Er spielte das dann genauso auf unserer kleinen Kabarettbühne und wurde später ein bekannter Filmschauspieler.

Als sich Ende 1936 in den einzelnen Pariser Stadtteilen die *Freundeskreise der deutschen Volksfront* bildeten, nahmen wir, die Schauspieler, zwar nicht regelmäßig, aber doch öfter an solchen Veranstaltungen teil. Es ist klar, daß ich mich heute nicht mehr an alles erinnern kann. Maximilian Scheer schildert in seinem Buch *So war es in Paris* einen Abend der Freundeskreise des 13. und 14. Arrondissements, etwa Mitte 1937, an dem ich antifaschistische Lyrik vortrug. Ich hatte es vergessen. Kurt Stern erzählte dort Kriegserlebnisse aus Spanien, Ruth Schaul las ihre Schilderung von Begegnungen mit Kindern in Madrid, und Henryk Keisch sprach Spanien-Gedichte.

Wir traten auch vor Franzosen auf. So gaben wir einmal die Kammerdienerszene aus *Kabale und Liebe* in einer Veranstaltung der französischen *Ro-*

ten Hilfe. Günter stellte eine Jugendgruppe zusammen, die auf Veranstaltungen der CGT, der *Roten Hilfe* und der französischen Partei Szenen im Agitpropstil spielte.

Schließlich erreichten wir das Wichtigste: Wir spielten Theater. Unsere Aufführung des Stückes *Ritualmord in Ungarn* von Arnold Zweig fand Widerhall im Publikum und in der Presse. Alfred Kerr schrieb uns eine sehr gute Kritik. Höhepunkt unserer Arbeit aber waren die Brecht-Inszenierungen. Im Herbst 1937 kam Brecht nach Paris, sah sich die französische Aufführung der *Dreigroschenoper* an und übergab uns die Texte von *Die Gewehre der Frau Carrar* und von einigen Szenen der Folge *Furcht und Elend des Dritten Reiches.* Wir studierten die Stücke ein und spielten sie in der Regie von Dudow mit großem Erfolg im Saal Adyar am Square Rapp.

Unser Publikum setzte sich natürlich in erster Linie aus Emigranten zusammen: Deutsche und Österreicher, aber auch Ungarn und Tschechen, schließlich Lothringer, Elsässer und Franzosen, die Deutsch verstanden. Unsere besten Kunden, beim Kabarett wie beim Theater, waren die Angehörigen der deutschen Botschaft. Die Nazibotschaft kaufte regelmäßig die Plätze der ganzen ersten Reihe. Später, als wir während des Krieges in die Gefängnisse und Lager kamen, hat sich dann gezeigt, wie gut man über uns informiert war.

Unsere materiellen Voraussetzungen waren mehr als bescheiden. Die Unkosten konnten selbst bei den Aufführungen der Stücke von Brecht bei weitem nicht durch die Eintrittsgelder gedeckt werden. Ohne die Spenden einiger fortschrittlicher reicher Emigranten wären wir nicht in der Lage gewesen, das alles auf die Beine zu stellen.

Günter, Tomas und ich lebten 1934 in einer winzigen Mansarde. Wir unternahmen alles Mögliche, um etwas zu verdienen. Ich ging als Aufwartefrau, und Günter machte Gelegenheitsarbeiten. Einmal arbeitete ich stundenweise als Dienstmädchen bei sehr reichen Ungarn. Morgens um halb sieben begann ich, putzte Böden, Fenster und Toiletten. Die Köchin gab mit am Ende der Woche mein Geld. Die Dame des Hauses hatte ich nur ein einziges Mal bei der Einstellung gesehen. Eines Tages sagte mir die Köchin: „Die Herrschaften wollen Sie heute unbedingt zum Frühstück sehen. Gehen Sie bitte um neun Uhr fünfzehn ins Wohnzimmer." Das tat ich. Monsieur und Madame standen auf, boten mir einen Sessel an und sagten: „Um Gottes willen, wir haben Sie gestern auf der Bühne des Kabaretts gesehen. Wir sind ganz erschüttert, daß Sie hier arbeiten müssen. Das ist ja ganz unmöglich!" Es brach ihnen einfach das Herz – und damit war ich die sehr gut bezahlte Stellung los.

In unserem Zimmerchen hatten wir einen Webstuhl und fertigten Webarbeiten an, die wir verkauften. Das alles aber brachte uns so wenig ein, daß wir lange Zeit nicht einmal ins Kino gehen konnten. Auch mit Zigaretten waren wir immer mächtig knapp. Später wurde Günter Sekretär bei der ganz besonders liebenswürdigen Madame Berthie Albrecht. Von da an ging es uns etwas besser.

Vom Weben kann man wahrhaftig nicht reich werden, das haben schon die schlesischen Weber erfahren, aber wie immer, wenn man kein Geld hat, sind andere Genüsse des Lebens einfach zu bekommen. Doch das bleibt leider nicht ohne Folgen, und so war ich wieder schwanger geworden: in unserer Situation eine wirklich echte Sorge.

Wir hatten in unserer Parteigruppe einen Genossen Arzt. Daß er einige Damen von ihren Kindersorgen befreit und dafür Geld bekommen hatte, wußten wir aus seinen Erzählungen. Ich fragte ihn, ob er mir helfen würde. Er sagte tatsächlich zu. Wir machten eine Zeit aus, und er empfing mich mit den Worten: „Vorher werden wir uns mal zusammenlegen, anders wirst du ja doch nicht bezahlen können." Ich sagte: „Das ist wohl ein Mißverständnis." Und ging.

Ich fand in der Rue Dombale einen Arzt, der mir aus dem unerwünschten und unglücklichen Zustand heraushalf. Als der Genosse nun aber merkte, daß da kein Kind kam, erschien er eines Tages bei uns zu Hause. Günter war nicht da. Der Genosse sagte: „Jetzt gibt es für dich zwei Möglichkeiten: entweder du legst dich mit mir hier auf euer Bett, oder ich bringe dich zur Polizei." Da sagte ich: „Was? Gehen wir beide zur Polizei. Das wird sich lohnen." Er war derart verblüfft, daß er ohne ein Wort unsere Wohnung verließ. Er hat auch nie wieder ein Wort über diese Sache verloren.

Im Herbst 1933 lernten wir Madame Berthie Albrecht kennen. Gustav Regler und Alfred Kantorowicz nahmen uns und Friedrich Wolf mit zu einem Empfang. Es war das vornehmste Haus, das ich während meines gesamten Aufenthaltes in Frankreich zu sehen bekommen habe, es lag in der berühmten Avenue George V, eine Brücke, Pont de l'Alma, führt dort über die Seine. In diesem enorm vornehmen Haus besaß Madame Albrecht eine riesige Wohnung.

Im Salon fand der Empfang für eine ganze Reihe von Emigranten statt. Alexander Abusch und Curt Trepte waren ebenfalls dabei. Wir sollten französischen und englischen Journalisten erzählen, was uns geschehen war, was man uns vorwarf und wie wir aus Deutschland weggekommen waren. Die Zusammenkunft dauerte nicht lange, vielleicht zwei Stunden. Getränke wurden gereicht, es war ein warmer Tag. Dort lernte ich auch Madeleine Braun kennen, die später lange Jahre die IDFF leitete.

Madame Albrecht war zierlich und von einem ungeheuren Temperament. In Marseille geboren, wirkte sie sehr französisch. Sie hatte eine elsässische Großmutter, daher sprach sie ausgezeichnet Deutsch, ohne Akzent. Diese Frau hat sich nicht aus Neugierde für uns interessiert. Sie, eine aufrechte Christin, wollte dieser schrecklichen Situation, die sich da in Deutschland auftat, etwas entgegensetzen. Sie war sehr reich. Ihr Mann, ein Holländer, ich habe ihn nur ein- oder zweimal gesehen, ließ sie gewähren; ihm schien ihr Tun ziemlich gleichgültig. Sie hatten zwei Kinder, eine Tochter Mireille und einen Sohn Fredy.

Madame Albrecht hatte sofort entdeckt, daß ich

schwanger war, und fand, daß ich schlecht aussähe; so lud sie uns zum Essen ein. Etwa nach einer Woche bekamen wir ihren Anruf. Wir wohnten damals in diesem kleinen Hotel Helvetia an der Rue de Seine. Der Wirt staunte; er hatte uns immer nur mit Unseresgleichen verkehren sehen; daß eine Französin anrief, machte ihn geradezu verwirrt. Es wurde ein angenehmer Vormittag. Wir saßen mit den Albrechts am Tisch und ließen es uns schmekken. In der Schweiz hatten uns einmal irgendwelche Angehörigen der berühmten Familie Rothschild eingeladen: Dort waren wir die armen Vettern, die am untersten Ende des Tisches Platz nehmen durften.

Madame Albrecht war eine charmante, lebendige Frau, man fühlte sich in ihrer Gesellschaft wohl. Ihr Mann allerdings blieb recht schweigsam. Erst später wurde uns klar, was es damit auf sich hatte. Sie lebten kaum noch zusammen, Berthie Albrecht hatte einen Freund. Moritz Hirschowitz, ein wunderbarer polnischer Genosse, vor einem Pogrom nach Frankreich geflohen, hat Madame Albrecht unendlich stark beeinflußt. Ich glaube, sie liebten sich. Madame Albrecht hatte sich völlig verändert an der Seite dieses Mannes, der es verstand, ihr die politischen Zusammenhänge aufzuschließen, ihr zu sagen, daß christliche Nächstenliebe nur der erste Schritt sei, um Menschen zu helfen, daß man aber auch kämpfen müsse für die Menschen, die so schrecklich behandelt würden, und gegen ihre Peiniger. Ich glaube, Madame Albrecht hat sehr früh begriffen, daß man mehr tun, sich stärker engagieren mußte.

Außerdem gehörte sie zu den Frauen, die sich für bestimmte Dinge sehr interessieren. Sie gab eine Zeitschrift für Sexualfragen, *Les cahiers sexuels*, heraus, in der ein Mann wie Magnus Hirschfeld publizierte. Sie bat auch den Günter, sich dafür nützlich zu machen und die deutsche Ausgabe zu redigieren. Sie hat sich überhaupt immer Mühe gegeben, den Menschen nicht einfach mit Geld zu helfen, sondern es ihnen zu ermöglichen, selbst Geld zu verdienen. Sie tat das in einer wunderbaren Weise. Wir waren beileibe nicht die einzigen, die von ihr unterstützt wurden.

Einen Nachmittag vergesse ich nie. Berthie Albrecht wollte uns eine Freude machen, und so lud sie uns und die Familie Trepte zu einem Picknick nach Versailles ein. Sie hatte einen großen Wagen, nahm ihre Kinder mit und „Mo", so nannten wir Hirschowitz. Der Chauffeur fuhr uns in den Park, im Kofferraum ein phantastisches Menü. Wir legten eine große weiße Damastdecke auf den Rasen, und alles, was man sich überhaupt nur vorstellen konnte, wurde auf diesen „Tisch" gezaubert. Wir führten gute Gespräche, und später sang Madame Albrecht zur Gitarre altfranzösische Lieder. Sie verbreitete Harmonie, und wir konnten vergessen, was uns bedrängte und was uns ängstigte.

Berthie Albrecht hat lange versucht, ihre politische Haltung vor ihrem Mann zu verbergen. Aber schließlich blieb es nicht aus, daß er davon Kenntnis bekam. Er beantragte die Scheidung, ging nach Holland zurück und nahm auch die Kinder mit, was sie tief kränkte und sehr unglücklich machte.

Wir haben sie bis 1939 oft gesehen. Später bezog

1936 in Paris.

sie Günter in den kleinen Betrieb mit ein, den Mo mit seinem Bruder unterhielt. Sie stellten Schnallen, Gürtel und Taschen her. Mo hatte großartige Ideen, die sein Bruder umsetzte, der eigentlich Ingenieur war. Einen solchen Gürtel, den mir Günter und Mo schenkten, besitze ich noch heute. Alle diese Sachen wurden in den vornehmsten Geschäften, bei Lanvin und Chanel, verkauft.

Günter hatte die Aufgabe, Accessoires heranzuschaffen, Steine zu besorgen oder besonderes Leder einzukaufen oder Steine schleifen zu lassen oder sich umzusehen nach besonderen Mustern auf Fellen. Wenn die Gegenstände fertig waren, brachte er sie in die Geschäfte. Er erzählte oft, wie freundlich ihn die Mannequins aufnahmen. Sie kochten Kaffee und unterhielten sich mit ihm. Sie waren die schönsten Frauen, die es in Paris gab, gewerkschaftlich organisiert, keine Luxusgeschöpfe, sondern selbstbewußte Mädchen, die genau wußten, was sie konnten und was ihr Preis war. Wenn die MIDINETTES streikten, dann streikten die Mannequins selbstverständlich mit. Das waren Erfahrungen, die wir in Frankreich machen konnten.

Madame Albrecht, die wir als eine lebenslustige Frau kennengelernt hatten, wurde immer ernster. Als es ganz deutlich zum Krieg ging, sagte sie, daß sie sich von allem, was ihr am Herzen läge, würde trennen müssen. Das hat ihr viele Schmerzen gemacht. Sie war nie Mitglied einer politischen Organisation, sie ist immer Christin geblieben, und als solche hat sie auch gehandelt.

Erst viel später habe ich, erschüttert, von ihrem weiteren Schicksal gehört: Die Nazis verhafteten sie und ließen sie von der französischen Justiz festsetzen.

1976, in Paris, versuchte ich, genauere Nachrichten zu bekommen. Man gab mir eine Veröffentlichung über Berthie Albrecht, in der auch ein Brief abgedruckt ist, den sie 1942 an den Generalsekretär der französischen Polizei geschrieben hat. Übersetzt lautet er:

Vals-les-Bains, den 19. Juni 1942

Seit sechs Wochen in Vals eingeschlossen, hatte ich zum Nachdenken Muße genug, und es ist nicht leichtfertig, wenn ich mir erlaube, heute an Sie zu schreiben.

Festgenommen, fortgebracht und hier eingesperrt, unter Mißachtung der Gesetze meines Landes, bin ich der Willkür ausgeliefert. Man fühlt sich zurückversetzt in die dunkelsten Tage der Bastille, doch ohne die damals gültige Entschuldigung des göttlichen, heiligen Rechts. Ich habe nicht einmal das Recht erhalten, einen Verteidiger zu sehen, habe auch keine legale Möglichkeit einer Beschwerde. Welches Mittel also kann ich benutzen, um meine Stimme außerhalb dieses Kellers zu Gehör zu bringen?

Ich gestehe, bis heute nicht verstanden zu haben, weshalb man mich verhaftet hat – in einer Zeit, wo selbst der Staat feierlich dazu auffordert, die Franzosen mögen dem Beispiel der Jeanne d'Arc folgen. Wenn Jeanne d'Arc das Vaterland gerettet hat, dann bestimmt nicht dadurch, daß sie sich den Eindringlingen auslieferte: Sie hat sie mit dem Schwert in der Hand verfolgt! Das ist gewiß das große Vorbild, das sie in unserer Geschichte gab und dem wir folgen wollen, wenn wir, von ganzem Herzen, alles opfern, um den Feind mit Gottes Hilfe aus unserem Land zu verjagen!

Was also ist unser Verbrechen? Wessen klagen Sie uns an?

Warum predigen Sie Jeanne d'Arc und verhaften uns? Wie können Sie uns „antinationaler Umtriebe" wegen anklagen, wenn wir die nationale Aufgabe befolgen?

Würden Sie, käme sie zurück auf die Erde, auch Jeanne d'Arc hier in Vals einschließen?

Die Begründung für meine Verhaftung ist eine Beleidigung meiner Ehre als Französin und gleichzeitig ein Verstoß gegen die Wahrheit. Ich weigere mich vor meinem Volk und vor der Geschichte, mich anklagen zu lassen, „die nationale Verteidigung geschwächt zu haben". Das, was ich tat, habe ich für mein Vaterland gegen den Feind und nicht gegen mein Vaterland für den Feind getan.

Was ist das Resultat dieser Verhaftungen? Was wollen Sie erreichen? Wenn man uns hindern wollte, „Schaden anzurichten", so hat man sich schwer getäuscht. Was mich angeht, so war ich seit Weihnachten jeder antideutschen Aktivität ferngeblieben. Indem Sie mich eingeschlossen haben, haben Sie mir eine Aktivität ersten Ranges gegeben, denn meine Gefährtinnen und ich werden als Märtyrer angesehen. Unsere Namen gehen von Mund zu Mund. Hinter Gittern, ohne zu schreiben noch zu sprechen, ja ohne uns zu zeigen, dienen wir der Sache der Freiheit.

Wenn man uns „brechen" will, indem man uns zur ständigen Isolierung verdammt, so täuscht man sich über die Größe unseres Ziels und die Stärke unseres Charakters. Weiß man denn nicht, daß Isolation und Andacht gerade das bestärken, was man in sich trägt? Nach dieser Zeit der Prüfung liebe ich Frankreich mehr denn je, und mehr denn je wünsche ich, es gereinigt zu sehen von diesem Hakenkreuz, das statt unserer Fahne über zwei Dritteln unseres Landes weht. Mehr denn je bin ich zu allen Opfern bereit, um es frei zu sehen im vollen Ausmaß seiner Grenzen und seiner Gedanken.

Mein Entschluß ist gefaßt. Angesichts der unzumutbaren Begründung meiner Verhaftung, des Unrechts und der Willkür dieser Verhaftung, der Unmöglichkeit, durch normale Mittel meine Stimme zu erheben, sehe ich mich gezwungen, in den Hungerstreik zu treten.

Heute früh habe ich ihn begonnen, geschwächt durch sechs Wochen Haft und Unterernährung. Egal, ich werde bis zum Ende durchhalten.

Wenn Sie mir nicht bedingungslos meine Freiheit wiedergeben, werde ich Hungers sterben. Doch lieber sterben als hier vegetieren, als mich dem Unrecht beugen.

Ich habe weder vor den Menschen Angst noch vor dem Tod.

Das Volk wird wissen, daß Sie die Verantwortung tragen für alles, was mit mir geschehen mag. Es wird nicht die Deutschen anklagen, sondern

Sie: Franzosen, die Sie beschlossen haben, andere Franzosen zu verfolgen, weil sie Franzosen bleiben wollen.

Die Geschichte wird unsere Taten bewerten.

Es lebe das Vaterland!

B. Albrecht

Berthie Albrecht sei, so sagte man mir, in einem Prozeß zu sechs Monaten Gefängnis verurteilt worden. Sie habe Geisteskrankheit simuliert, sei in eine Anstalt gesteckt und dort von Maquisarden befreit worden. Erneut verhaftet, habe man sie am 9. Juni 1943 durch das Beil hingerichtet.

Als Brecht uns sein Stück *Die Gewehre der Frau Carrar* zur Aufführung anvertraute, tobte der Spanische Krieg – für uns galt es, die republikanischen Kräfte zu unterstützen. Wir haben alles in Bewegung gesetzt, die *Carrar* in Paris uraufzuführen. Der SDS war der Schirmherr. Wir sammelten Geld. Damals gab es die Volksfront, das machte die Werbung leichter, sie erfaßte alle Kreise der Emigranten.

Heli Weigel kam aus Svendborg angereist, Slatan Dudow aus der Schweiz. Beide waren sehr bescheiden. Heli wohnte in einem kleinen Hotel in der Rue de Vaugirard im 15. Arrondissement, Dudow bei Genossen. In unsere winzige Wohnung im Hinterhaus der Rue de l'Abbé Groult kamen die Heli und andere Kollegen zum Essen.

Wir probierten im Hinterzimmer eines Restaurants. Dort ging es auch zu den Toiletten, und die Leute schlurften durch den Raum, während wir probierten, und dann sahen sie diese aufeinandergestellten Tische und Stühle, die für uns die Dekoration ausmachten, hörten uns in dieser fremden Sprache reden und blieben erstaunt und interessiert stehen. Die Konzentration war dadurch zwar oft gestört, aber uns ermutigte dieses Interesse. Bald fanden wir einen Saal. Das erleichterte die Arbeit natürlich. Wir hatten vielleicht dreißig Proben, davon sechs auf der Bühne.

Im Jahr darauf probten wir die Szenen aus *Furcht und Elend des Dritten Reiches* und spielten sie unter dem Titel *„99 %" / Bilder aus dem Dritten Reich.* Wiederum kamen Heli aus Dänemark und Dudow aus der Schweiz. Dazu stieß aus Holland der Kollege Erich Schoenlank. Für dieses Stück aber brauchten wir sehr viel mehr Menschen, und so nahmen wir Laien in das Ensemble auf. Waren wir in *Die Gewehre der Frau Carrar* noch in der Mehrzahl Schauspieler: W. Florian (Florian Zach), Hans Altmann, S. Schidloff und Friedel Ferrari (Friedel Kantorowicz), dazu die Heli, Günter und ich, so waren in *„99 %"* die Schauspieler in der Minderzahl. Das erschwerte die Arbeit natürlich. Wir probierten gute sechs Wochen.

Sowohl bei der ersten als auch bei der zweiten Inszenierung halfen uns einige Genossinnen und Genossen mit wahrer Hingabe. Sie ersetzten Requisiteure, Beleuchter, Tischler, Kostümemacher und Dekorationsmaler, und sie übernahmen auch die Werbung für die Abende. Ihnen sei hier gedankt: als erster Ursula Katzenstein, Medizinerin, heute Professor; dann Sylta Busse, die unter dem Namen Dora Reissmann auch mitspielte, heute

URAUFFÜHRUNG

BERT BRECHT

« Die Gewehre der Frau Carrar »

Künstlerische Gesamtleitung : S. Th. DUDOW

Mitwirkende :

HELENE WEIGEL

ALS GAST

STEFFIE SPIRA - H. ALTMANN
W. FLORIAN - W. HAIN
G. RUSCHIN - S. SCHIDLOFF

Bühnenbild : H. LOHMAR

SONGS UND BALLADEN

Am Flügel : J. COSMA

« Der letzte Milliardär »

Ein Film von RENÉ CLAIR

Unter dem Protektorat des Schutzverbandes Deutscher Schriftsteller

---

Nach der Vertreibung der freiheitlichen Literatur tritt der Dichter BERT BRECHT mit einem neuen Bühnenwerk zum erstenmal wieder vor ein Deutsches Publikum

Die neue Dichtung Brechts ist dem heroischen Freiheitskampf des spanischen Volkes gewidmet. Alle Freunde des spanischen Volkes, alle Freunde der freiheitlichen deutschen Kultur werden das Ereignis dieser Aufführung begrüssen.

Da nur zwei Aufführungen stattfinden, ist dringend zu empfehlen, die Karten im Vorverkauf zu lösen.

Sonnabend den
16. OKTOBER 1937
Sonntag den
17. OKTOBER 1937
8 [45]

SALLE ADYAR
4, Square Rapp, Paris-7[e]

Autobus : 14, 20, 43, 26, 28, AC, AD, AH, AQ, CA, M, Y, AX.
Métro : Ecole Militaire — Alma

KARTEN zu
Fr. 6 - 10 - 15
In der Ausstellung «Das Deutsche Buch in Paris»
15, Rue Gay-Lussac-5[e]
oder

an den bekannten Vorverkaufsstellen und an der
ABENDKASSE

EINLASS 8 [30]

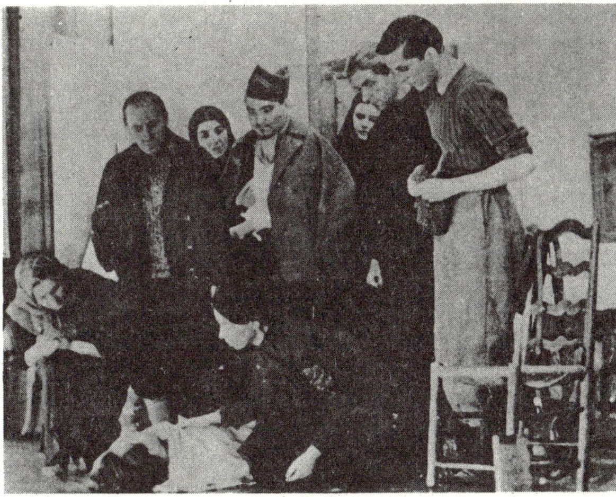

Szene aus „Die Gewehre der Frau Carrar". Vorn: Manuela (Friedel Ferrari). Der tote Juan Carrar (Heinz Lohmar). Teresa Carrar (Helene Weigel). Dahinter: Ein Fischer (S. Schidloff). Eine Frau (Unbekannt). Der Verwundete (Hans Altmann). Frau Perez (Steffie Spira). Der Arbeiter (Werner Florian). José Carrar (Walter Hain).
In ihrem Artikel „Helene Weigel spielt in Paris" schrieb Anna Seghers u. a.: „Daß die Weigel das spielen konnte, das verdankt man nicht nur ihr und nicht nur Brecht, sondern vor allem auch der Truppe. Diesen paar jungen Genossen, welche vollständig verstanden, worauf es bei dieser Sache ankam. Dank diesen Genossen. Dank dem Lohmar, der Tür, Fenster und Backofen wie ‚für Reinhardt selbst' baute."

Kostümbildnerin, verheiratet mit Hans-Ulrich Schmückle – als Ehepaar international bekannt für ihre Bühnen- und Kostümbilder; Dank ebenfalls an Paul Krautter, Paul Hartmann und Albert Gromulat, die mit uns später das mexikanische Exil teilten.

Daß beide Inszenierungen nicht nur künstlerische, sondern auch politische Erfolge waren, dafür sind unsere Verhaftungen als „gefährliche Propagandisten" der beste Beweis. Vorerst aber waren wir glücklich, daß uns eine richtige Arbeit gelungen war. Wir schäumten nicht über, wer hätte das in dieser Lage gekonnt. Es floß nach der Premiere auch kein Champagner, aber wir machten uns nach den vier Vorstellungen mit einem guten Essen und einem guten Wein einen schönen Abschiedsabend.

Als Brecht in Paris war, hatte er für unseren

Erste Seite des Theaterzettels für die Aufführung am 21. Maï 1938 im Salle Iéna, Avenue d'Iéna. Am Ende fand sich die Notiz: „Die acht Einakter, die unter dem Titel ‚99 %' in Paris zur Uraufführung gelangten, gehören zu einem großen Zyklus. Das Gesamtwerk hat den Titel: ‚Furcht und Elend des Dritten Reiches'. Die vollständige Buchausgabe erscheint im Malik-Verlag, London."
Helene Weigel schrieb an Bertolt Brecht u. a.: „Premiere war: scheints großer Erfolg. Ich war nicht gut, weil übermüdet. Meine Schuld. Sah sehr gut aus … Ich war unzufrieden im Ganzen, aber es klappte und war zusammengerissen. Die Leute lachten sehr viel. Applaudierten sehr viel nach jedem Stück."

UNTER DEM PROTEKTORAT DES SCHUTZVERBANDES

URAUFFUEHRUNG

"99 %"

Bilder aus dem Dritten Reich

von

Bertolt Brecht

Regie : S. THEODOR DUDOW

Die Ballade "Deutsche Heerschau" singt : Fritz Seiffert

Bühnenbild : Heinz Lohmar

I

DAS KREIDEKREUZ

Die Köchin	**Nora Reissmann**
Der SA-Mann	**Josef Leininger**
Das Dienstmädchen	**Steffi Spira**
Der Chauffeur	**Hans Altmann**
Der Arbeiter	**Günter Ruschin**

II

WINTERHILFE

Die alte Frau	**HELENE WEIGEL**
Die junge Frau	**Friedel Ferrari**
Der erste SA-Mann	**Hans Altmann**
Zweiter SA-Mann	**Ludwig Turek**

Sohn Rätsel erfunden, und Heli brachte Tomas „Schmetterlingsküsse“ bei – sich mit den Wimpern „anzuklimpern“.

Es war das Jahr 37, als wir *Die Gewehre der Frau Carrar,* und 1938, als wir *„99 %“* spielten. Zum Dank schickte uns Brecht seine *Svendborger Gedichte* mit einer schönen Widmung. Leider ist der Band nach unserer Verhaftung der französischen Polizei oder den Nazis in die Hände gefallen.

Egon Erwin Kisch, was für ein Mann! Dazu Gisl Liner, die Frau, die um ihn war, solange ich Kisch kannte. Fragte man ihn, warum er die Gisl nicht heirate, sagte er mit dem stets die Zigarette haltenden, darum leicht schiefen Mund: „Die Frau kenn ich zu gut, ist mir unsympathisch“ und lächelte sie an mit allem Charme, den er hatte. Vielleicht zeigt diese Haltung sogar eine tiefere Einstellung zu allen ihn in nächster Nähe umgebenden Menschen an. Er, der so schnell und präzise dachte, war ein tiefer Skeptiker. Er lachte bei seinen bissigen Bemerkungen über andere oft mit, damit er nicht zu weinen brauchte.

Voller Stolz erzählte Kisch von seiner Jugendzeit als Fußballer, und wie sehr ihm dabei seine leicht krummen Beine geholfen hätten. Unvergessen ist seine Geschichte von der Großmama, die ihn lernen hört: „Salzburg ist die Hauptstadt von Salzburg.“

Seine Beobachtungsgabe, seine Merkfähigkeit und die geniale Begabung, das, was er erlebte, knapp und kurz in wenige Zeilen zu fassen, wo andere Romane daraus gemacht hätten. Er war ein gebildeter, belesener, sprachbegabter Mann. Er setzte dem Günter einen Floh ins Ohr, als er behauptete, man könne nur dann sagen, daß man eine fremde Sprache kenne, wenn man in ihr Kreuzworträtsel zu lösen verstände. Ja, Kreuzworträtsel. In Frankreich lebten Gisl und Kisch zeitweilig davon, Kreuzworträtsel zu verkaufen, die sie zusammen in französischer Sprache ausgeknobelt hatten.

1938 am Strand von Equihen an der Kanalküste war die beste Zeit unserer Freundschaft. Wir hatten vorher in Paris abgesprochen: Keiner sagt dem anderen, wo er die Sommerzeit verbringt, denn wir tauchten oft zur gleichen Zeit in derselben Gegend auf. Nicht sehr weit von Paris entfernt – niemand von uns konnte große Reisen bezahlen –, eben in Equihen, hatten wir in diesem Sommer durch eine Empfehlung von Mme. Berthie Albrecht ein kleines CHALET, vollkommen eingerichtet, mit einem Garten, für einen Monat zu einem Spottpreis mieten können. Ende Juli fuhren wir dorthin, bis Boulogne mit der Eisenbahn, mit dem Autobus in das nahe gelegene Örtchen. Das Häuschen lag landein, das Brausen des Meers bei den Klippen, die den Ort berühmt machten, hörten wir nicht, es war nicht viel mehr als eine feste Laube, einfach eingerichtet. Bettzeug und sonstiges hatten wir mitgebracht. Mit Spiritus konnte man auf dem kleinen Herd kochen. Der Garten, in dem Salat, Karotten, Porree und anderes Gemüse wuchs, stand uns zur Verfügung. LA SOUPE konnte also ohne Schwierigkeiten wieder auf den Tisch kommen.

Am ersten Abend, als Tomas eingeschlafen war,

gingen wir in das einzige Hotel-Restaurant des Ortes, um am ZINC etwas zu trinken. Wir saßen auf den Barstühlen am Tresen, vor uns einen CIDRE, Apfelwein, der in der Gegend billig und sehr gut ist. Am Ende des Raums ging der Kellner durch eine Flügeltür, und wir glaubten unseren Augen nicht zu trauen, als wir durch den aufgeschlagenen Spalt an einem Tisch Gisl und Egon entdeckten. Ja, aber wie waren sie ausgerechnet nach Equihen gekommen?

In diesem Sommer 38, zur Weltausstellung, stattete der PRINCE OF WALES, der englische Thronfolger, Frankreich einen Besuch ab. Einen solchen Besuch hatte es seit Jahren nicht mehr gegeben. Darum waren auch die Vorbereitungen streng.

Egonek wohnte in Versailles in der Rue de Jeu de paume, ganz dicht am Ballhaus, in dem sich die Revolution von 1789 zuerst Luft gemacht hatte, und der PRINCE OF WALES sollte auch Versailles besuchen. Kischs Name aber stand auf einer schwarzen Liste: Ihm war 1934 die Einreise zum Australischen Friedenskongreß verweigert worden, und er hatte sich die Landung in Australien – damals noch britisches Dominion – mit einem Sprung von der Schiffsreling auf den Kai erzwungen (was ihm ein gebrochenes Bein eingebracht hatte).

Zu Kisch kam also ein Beamter der SÛRETÉ und bat ihn, während des prinzlichen Besuches Versailles, aber auch Paris zu meiden; man überlasse es ihm, seinen Aufenthaltsort zu wählen. Kisch wählte das Badeörtchen Equihen und legte den Beginn dieses Zwangsurlaubs auf den Tag, an dem der hohe Gast aus England im Hafen von Boulogne an Land gehen, auf dem Bahnhof vom Präsidenten der Republik begrüßt werden und mit einem Sonderzug nach Paris weiterreisen sollte.

Als der D-Zug aus Paris mit Egonek und Gisl in Boulogne einlief, wimmelte der Bahnsteig von Geheimpolizei – denn in ebendiesem Augenblick wurde der PRINCE OF WALES in der Bahnhofshalle empfangen. Sofort waren Egon und Gisl „umzingelt" und samt ihrem Gepäck in einem kleinen Gebäude eingeschlossen, ein Polizist vor der Tür.

Nach ein paar Stunden, der Sonderzug mußte längst in Paris angekommen sein, erinnerte man sich der Eingeschlossenen. Um sicher zu sein, daß das von ihnen angegebene Reiseziel Equihen auch stimmte, wurden die Kischs mit einem Polizeiauto bis vor das Hotel gefahren, ja der Chauffeur des Wagens trug ihnen sogar die Koffer aufs Zimmer.

Da saßen sie nun neben uns, und Kisch erzählte uns – besser, als ich es kann – die Geschichte. Der Wirt war leicht verwirrt, als auch wir uns als Ausländer entpuppten. Waren die Kischs nun besondere Gäste, die geehrt wurden, oder waren sie SUSPECT?

Diese Ferien sind in meiner Erinnerung, weil wir am Strand – bei viel Sonne und Wärme bald badend, bald Burgen für Tomas bauend, bald Ball spielend, bald lange Spaziergänge machend – mit den Kischs nicht nur über Spanien sprachen, sondern uns auch miteinander Gedanken machten über die ersten Berichte aus Moskau, die uns vom „Prozeß gegen Pjatakow und andere" erreichten. Wir hatten keine Zweifel. Was uns wunderte, war die Geständnisfreudigkeit bei allen Angeklagten. So etwas hatte es bei politischen Prozessen unseres Wissens noch nie gegeben. Wir meinten, daß das vielleicht mit der Mentalität der Russen zusammenhänge, wir dachten dabei an die Figuren Dostojewskis. Wohl war uns nicht, hatten wir doch in diesen Jahren nur ein Leitbild, die Sowjetunion. Sie war unser Halt. Wenn wir daran dachten, wieder nach Deutschland zurückkehren zu können, so war uns klar, daß dies nur mit der Hilfe dieses Landes geschehen würde.

Nur die Geburt von Tomas hatte Günter und mich daran gehindert, in die Sowjetunion zu emigrieren. Noch im Juli 33 in Paris war die Absprache mit Gustav Wangenheim, Treptes, Czempin und Heinrich Greif dahin gegangen, daß wir im Frühjahr 34 nach Moskau kommen sollten, zum Theater, das Gustav aufbauen wollte. Als die Zeit herankam, war das Unternehmen zwar gestartet, kämpfte aber mit großen Schwierigkeiten und konnte einen Esser, der vorerst nicht arbeiten würde, nämlich mich, durch Tomas gehindert, unmöglich bezahlen. Auch war die Reise nun nicht mehr über Leningrad, sondern nur, wie die Genossen meinten, über Wladiwostok möglich, was sehr viel Geld gekostet hätte. Gustav hatte auch schon gehandelt, als er in Prag Amy Frank und Friedrich Richter für das Theater engagierte. Davon wurden wir allerdings erst 1935 durch einen Brief meines Vaters aus Wien in Kenntnis gesetzt, als für uns bereits entschieden war, in Paris zu bleiben.

Zurück nach Equihen. – Einer unserer Spaziergänge mit Kischs muß beschrieben werden, weil er die Arbeitsmethoden von Egonek demonstriert. Wir gingen auf einen in der Nähe gelegenen Friedhof. Er war nicht groß, ihn schmückten keine Erbdenkmäler für reiche Familien. Trotzdem, der Abstand zwischen arm und reich ließ sich auch so erkennen. Die Fischer waren in der Mehrzahl, es gab aber auch Gastwirte, Kaufleute, Lehrer. Kisch bat uns, mit ihm alle Grabinschriften gut zu lesen, auf dem Nachhauseweg wollte er uns dann die Geschichte des Ortes erzählen.

Wir sahen die Namen auf den Grabsteinen. Ab und zu merkten wir uns auch eine Jahreszahl, weil sie leicht zu behalten war, etwa 1899 oder 1901. Kisch machte sich keinerlei Notizen, ging aber langsamer als wir, drehte sich auch mal um und lief zu einer Grabstelle zurück.

Auf dem Heimweg erzählte er uns ohne zu stokken die Geschichte des Dorfes. Er hatte die Namen, die oft wiederkehrten, gut behalten und auch die jeweiligen Todesdaten. So fiel es ihm nicht schwer zu sagen, wann dieses Dorf von einer Katastrophe oder Epidemie getroffen worden, welche Familie herunter- und welche von welchem Jahr an heraufgekommen war. Die Geschichten der Personen, die auf dem „Schindanger" begraben lagen, interessierten ihn am meisten. Er schloß seine Chronik mit dem Satz: „Willst du etwas bei einer ‚höhergestellten Person' erreichen, gehe erst auf den Friedhof und sieh dir an, welchen Stand ihre Familie im Dorf hat."

Auch später in Mexiko sahen wir uns oft. Spaziergänge unternahmen wir dort nicht mehr miteinander, aber im Parque México trafen wir uns, lagen doch unsere Straßen dicht am Park und dicht beieinander, seine Avenida Amsterdam und unsere Calle Michoacan. Natürlich saßen wir auch in derselben Parteigruppe. Kisch gehörte nicht zu den Schweigern, er hatte oft einen eigenen, seinen Standpunkt, litt auch ein wenig an den stets deutschen Pol-Leitern, Otto Börner, Georg Stibi, Paul Merker, die von den Genossen wenig Phantasie, aber viel Disziplin verlangten.

Anders als viele Menschen reagierte Kisch auf Ehrungen. Niemals wollte er Mittelpunkt einer Auszeichnung sein. Auch in Spanien hielt er sich zurück von allen Möglichkeiten, Ehrungen zu erhalten. Voller Begeisterung erzählen, Erlebtes niederschreiben – das war „sein Begehren". In Mexiko waren wir, das heißt der Heine-Klub, der Verlag El Libro Libre, die Zeitschrift „Freies Deutschland", darauf angewiesen, Gelder zu sammeln. Dazu gehörte auch, daß wir einmal im Jahr eine Tombola mit Versteigerungen veranstalteten. Zu den am meisten gefragten und mit höchstem Einsatz versteigerten Preisen zählten die handgeschriebenen Manuskripte von Egon Erwin Kisch. Egon hatte eine besondere Art zu schreiben. Er behauptete, mit dieser Art von Niederschrift könne er noch bei jedem Wort lange genug überlegen, ob es auch das passende sei. Er schrieb also keineswegs „rasend", sondern mit großer Akribie. Immer wenn ich aus Büchern von Kisch vorgelesen habe, war ich fasziniert von der Wahl seiner Worte, dem klugen Aufbau seiner Geschichten. Als ich Jahre später nach Mexiko zurückkam, hörte ich, daß ein reicher Emigrant, der damals ein Manuskript von Kisch ersteigert hatte, so etwas wie einen kleinen Altar aufgebaut hatte, auf dem das Manuskript von „Entdeckungen in Mexiko“ lag.

So wenig er äußere Ehrungen liebte, so glücklich machte es ihn, von Kindern jeder Altersstufe selbstgemalte Bildchen zu bekommen. Und zwar bei jeder Gelegenheit. Fein säuberlich wurden die Bilder mit Reißzwecken im Wohnzimmer und Flur aufgehängt. Natürlich mußten die Kinder signieren. Für die Kleinen tat es Gisl. Obwohl es sicherlich am Ende fast hundert waren, wußte Egonek immer das Alter des Kindes, aus welchem Jahr dessen „letztes“ Bildchen stammte und wo es hing. Er war ein guter Psychologe. Aus den Bildern konnte er unbewußt-bewußt ersehen, welche Eigenschaften die Kinder als erwachsene Menschen entwikkeln würden. Farbgebung, Größe des Dargestellten, der Mut, auf einem Blatt nur einen großen Baum, eine Sonne oder einen Schmetterling, ein Haus mit Garten und Schornstein zu malen, ließen viele Möglichkeiten erkennen. Kisch konnte sich an den Bildern nicht nur freuen, sondern aus ihnen auch wie aus einem Buch lesen. Er sprach öfter mit den Eltern über die „Werke“ ihrer Kinder.

Zu seinen Begabungen kam noch eine hinzu: Er war ein Hobby-Zauberer. Auch darum liebten ihn die Kinder. Mit einer Schnelligkeit, die eben „echte Zauberei“ ist, brachte er die schönsten Kunststücke zuwege. Besonders wenn er sich eine Zigarette ins Ohr steckte und die Zigarette am andern Ohr wieder herauskam, jubelten die Kinder.

Wieder enger wurde unser Kontakt, als wir Anfang 1943 im Rahmen des Heine-Klubs *Die Galgentoni* aufführten. Keine andere Rolle habe ich mit soviel Freude und Einsatz gespielt. Für mich war die Toni eine Figur aus dem Volk, die gewiß etwas anderes hätte werden können. Doch ihre Universität, die Straße, hat sie zu diesem Häufchen Unflat gemacht, das aber immer sein Kinderherz behielt.

Im Sommer 1947 nach Deutschland zurückgekehrt, wollten wir unbedingt auch in Berlin *Die Himmelfahrt der Galgentoni* spielen. Wir schrieben Kisch von unserer Absicht. Er antwortete ein paar Wochen vor seinem Tode:

Praha, U laboratoře 22 — 2. Januar 1948

Liebe Ruschins:

sehr herzlichen Dank für Euren ebenso herzlichen Brief, der mich besonders gefreut hat. Wer kommt jetzt ans Fenster am Park, wenn man in der Michoacan vorbeigeht und an die Scheibe klopft? Euren Thomas kann ich mir gar nicht mehr vorstellen, eines Tages pocht ein bärtiger Wandersmann an meine Tür und sagt in schönstem Berlinisch: „Ick bin nämlich een oller Freund von Ihnen aus Frankreich und Mexiko und heese Thomas Ruschin." Ich würde mich wirklich freuen, wenn er oder Ihr mir etwas von ihm erzählen würdet.

Daß Ihr die Galgentoni spielen wollt, freut mich selbstverständlich, und ich habe nicht das geringste dagegen einzuwenden. Den Meseritzer könnt ihr umtaufen, wie Ihr wollt. Ich erinnere mich, daß Blum schon gegen Schluß der Himmelsszene irgendwie verriet, daß die Toni Gnade vor dem Herrn gefunden habe; das Puff war deshalb keine Überraschung mehr. Wir haben's dann geändert, und vielleicht könnt Ihr das auch machen. Wenn Steffie die Toni wieder so spielt wie im Schiefersaal, wird sie auch aus Berlin den Weg ins Himmelreich nicht verfehlen. Falls sich meine Gesundheit nicht verschlechtert, so käme ich sogar eventuell zu diesem Schwoof in ihre Arme, und wir könnten den eingefrorenen mexikanischen Kuß wiederholen. A propos: glaubt Ihr nicht, daß man auch den Redl wiedererwecken könnte, indem man auf die seinerzeit verstoßenen Berufsschauspieler zurückgreift?

Bei uns ist – zum Teil auch durch Gertrud Düby, die bei uns wohnt – die Sehnsucht nach Mexiko und uns Mexikanern wieder erwacht; es war doch im großen ganzen eine gute Gemeinschaft. Grüßt alle Freunde von dort sehr herzlich, und Euch wünsche ich ein erfolgreiches neues Bühnenjahr und auch sonst alles Gute.

Hasta luego!
Der alte Egonek

Liebe Steffie, Günter und Thomas:

Auch ich wünsche Euch ein gutes und glückliches 1948, und hoffentlich gibt's auch bald mal eine Möglichkeit zum Wiedersehn. Ich hab nie erfahren, ob Ihr jemals unseren Brief gekriegt habt, mit dem wir Euch gedankt haben für die rührende Aufmerksamkeit während unserer Eisenbahnfahrt nach der Abreise aus Mexiko. Ich wünschte, ich hätte genug Zeit, um wieder mit allen Freunden wenigstens in Briefkontakt zu sein, so muß ich mich darauf beschränken, die Freunde, die hier und da hier durchkommen, nach Euch und allen anderen auszufragen, jetzt muß Gertrud uns den ganzen Tag erzählen, wie es Euch allen geht und was Ihr tut. Dem Egonek geht's jetzt schon etwas besser und sobald er ganz gesund ist, was hoffentlich sehr bald ist, wollen wir unsere lang geplante Reise nach Berlin machen, worauf ich mich schon sehr freue. Nochmals alle guten Wünsche fürs Neue Jahr, und Euch und allen Freunden sehr herzliche Grüße.

Eure Gisl

AM letzten Tag des Augusts 1939 ging mein Sohn Tomas von uns, um mit dem Kindergarten, in dem er war – Paris, 15. Arrondissement –, gemeinsam mit Madame Amoureux und den französischen Kindern nach Angers evakuiert zu werden. Günter und ich meinten, daß es angesichts des drohenden Krieges nur gut für Tomas sei und daß wir ihn ja jederzeit wieder zurückholen könnten. Wir dachten daran, daß das vielleicht nötig werden würde: Man hatte uns in der Parteigruppe gesagt, daß wir möglicherweise in eine RÉSIDENCE FORĆEE, in einen festen Aufenthalt, geschickt werden könnten – dann hätten wir Tomas selbstverständlich zu uns genommen.

Ich vergesse nie, wie ich mich von ihm verabschiedete. Günter war schon zur Arbeit gegangen, und ich brachte Tomas hinüber in den Kindergarten, mit seinem kleinen Koffer. Bevor wir aus dem Haus gingen, kniete ich mich vor ihm hin und gab ihm um seinen Hals, der sehr dünn war, ein von Mo und Günter gemachtes kleines Medaillon aus Messing; darauf waren sein Name, sein Geburtsdatum und die Adresse gestanzt: Paris XV, 114 Rue de l'Abbé Groult. Ich verschloß die kleine Messingkette gut, umarmte ihn und sagte: „Vergiß uns nicht!“ Damit trennte ich mich von meinem Sohn. Ich wußte nicht, was ihn und was uns erwartete.

Noch in dieser Nacht zum 1. September, es war früher Morgen, ein sehr heißer Sommermorgen, gegen vier Uhr, klopfte es an unserer Tür, und draußen stand diesmal ein französischer Polizist. Er sagte: „Beunruhigen Sie sich nicht, meine Dame, mein Herr, es ist bloß, um ihre Papiere zu kontrollieren, das dauert nur einen kleinen Augenblick.“

Damals ahnten weder Günter noch ich, daß uns dieser „kleine Augenblick“ zwei Jahre unseres Lebens kosten würde.

Also, wir zogen uns an, und es war wirklich sehr warm. Ich hatte einen kleinen Koffer für uns gepackt, denn wir waren der Meinung, es wäre besser, etwas „Fertiges“ dabei zu haben, falls mal irgend etwas passieren sollte – aber der Beamte sagte: „Um Gottes willen, Madame, was denken Sie, in ein paar Augenblicken sind Sie wieder zurück, das brauchen Sie nicht!“ So nahm ich meine Handtasche, und ich hatte, ich weiß das noch wie heute, einen schwarzen Seidenrock an, dazu, wie man es damals trug, eine Bolerojacke aus dem gleichen Stoff, eine blaue Sommerbluse, dünne Strümpfe und leichte Schuhe. Auch Günter war nur mit einem leichten Anzug bekleidet. Wir nahmen unsere Papiere und folgten dem Polizisten auf unser Polizeirevier an der Place Convention.

Zu unserem nicht allzu großen Erstaunen, es war mittlerweile etwa fünf Uhr geworden, saßen bereits da: unsere lieben, unsere sehr lieben Freunde Hilde und Rudolf Neumann, die

Günter Ruschin (1904–1963) in einer Aufführung des Kabaretts „Die Laterne", Paris 1938.
(Photo: Alf Zahn, Vanves s. Seine, 80, Avenue Pasteur)

zu unserer Gruppe gehörten. Wir entdeckten noch einen Genossen und waren nun doch etwas erstaunt, daß wir nur Genossen sahen. Wir warteten ein Weilchen, dann kamen eine Polin und ein Pole. Wir wurden zu einem kleinen Polizeiwagen gebracht, und man antwortete auf unsere Frage, um was es ginge: „Seien Sie unbesorgt."

Wir fuhren durch die halbe Stadt, vom 15. Arrondissement zur PRÉFECTURE DE POLICE, zum Polizeipräsidium, im PALAIS DE JUSTICE, fuhren hinein in den Hof, stiegen aus und wurden in einen großen Saal gebracht, in dem bereits eine ganze Menge Menschen saßen – vor einer weißen Leinwand. Wir wurden fein säuberlich getrennt, die Männer von den Frauen. Günter und ich sahen uns noch einmal an, und ich sagte: „Das endet nicht gut." Ich hatte sofort das Gefühl: Sie haben uns richtig verkauft.

Günter und ich, wir hatten uns vorgenommen, falls alle Ausländer durch die Zeitung oder über den Rundfunk aufgefordert werden würden, sich irgendwo zu melden und einzufinden, einer Registrierung oder ähnlichem aus dem Wege zu gehen. Wir sprachen beide ein recht gutes Französisch, auch Tomas hatte mittlerweile die Sprache gut gelernt, wir hätten sicherlich keine Schwierigkeiten gehabt.

In dem riesigen Raum, in dem später so an die fünfhundert Menschen saßen, vorwiegend Männer, sehr viel weniger Frauen, entdeckte ich immer mehr Genossen. Keineswegs nur Deutsche; es wurde auch italienisch, russisch und polnisch gesprochen. Ich hatte das Gefühl, in der Hauptzahl müßten es Kommunisten sein.

Bis ungefähr halb sieben Uhr hockten wir dort auf den Bänken. Mich beschlich immer wieder der Gedanke, daß man uns vielleicht etwas vorführen wollte, denn vor uns hing ja eine große weiße Leinwand. Doch man forderte uns nur auf, nicht zu sprechen.

Dann wurden Namen aufgerufen, zuerst die Frauen. Ich konnte meinem Mann nur noch einen Blick zuwerfen; es war unmöglich, ihm die Hand zu geben, denn er saß mitten in einer Reihe, und die Reihen waren eng besetzt.

Wir wurden aus dem Saal herausgebracht und kamen unten auf dem Hof in einen großen Polizeiflitzer, neben mir die Genossin Lotte Baumgarten, eine sehr schöne, eine sehr zarte Frau, ein Mensch, der mich immer gefesselt hatte. Wir kannten uns zwar nur flüchtig, sie gehörte nicht zu meiner Gruppe, aber sie half bei meiner Freundin Hilde Lohmar, der Schneiderin, aus und wohnte in deren Straße in einem kleinen Hotel, Rue du Château, 14. Arrondissement. In diesem Hotel lebten sehr viele Genossen. Der Besitzer muß ein Kommunist gewesen sein, denn sonst hätte er nicht so viele Leute untergebracht, die keine oder nur „zurechtgemachte“ Papiere besaßen.

Lotte, neben mir, sah reichlich blaß und aufgeregt aus. Sonderbarerweise war Hilde Neumann verschwunden. Wir fuhren durch einen Teil von Paris, der mir verhältnismäßig fremd war, nur bis zum Place de la République kannte ich mich aus. Wir sprachen leise miteinander. Lotte sagte: „Sieh zu, daß wir zusammenbleiben." Ich sagte: „Ja. Was meinst du, wo wir hinkommen?"

Sie zuckte mit den Achseln, aber ich hatte das Gefühl, sie wußte besser als ich, daß wir ins Gefängnis kamen. Und wirklich – uns erwartete das älteste Gefängnis von Paris, die ROQUETTE, im 11. Arrondissement gelegen. LA ROQUETTE wurde später geschleift, das Gefängnis existiert heute nicht mehr, es hatte die dicksten Mauern, die ich jemals in meinem Leben gesehen habe.

Wir fuhren durch ein Tor, stiegen ab, wurden wieder von Polizisten „empfangen" und in einem Vorraum unter einem ziemlichen Herumgeschrei jeweils zu zehnt abgezählt. Dann ging es irgendeinen Gang entlang. Lotte und ich blieben zusammen. Zu unserer Gruppe gehörten noch zwei Genossinnen, die ich kannte: Marianne Eildermann und Gertrud Gräser. Ein großes Mädchen, das auch Deutsch sprach, kam ebenfalls mit, außerdem eine schöne, sehr junge Frau, eine Bulgarin, schien mir; es erwies sich später, daß es die Bogdanova war. Wir wurden in ein CACHOT gebracht – eine Strafzelle. Die Zelle, eine Pritsche, ein Eimer, ein Eßgeschirr, war für einen Menschen gedacht, wir zählten immerhin sechs, wir konnten nur stehen. Dann wurde zugeschlossen.

Mittlerweile war es sicher acht Uhr geworden. Nach etwa einer Stunde führte man uns in einen Raum, in dem eine katholische Schwester mit einer großen, wunderbar schönen Haube saß, um uns zu registrieren. Zu ihrer Mitarbeiterin sagte sie: „Was denkst du, das sind ja lauter Neue." Für sie war das gewiß etwas Besonderes, denn sie hatte sonst wohl nur mit wieder aufgelesenen Straßenmädchen und Diebinnen, mit alten Kunden, zu tun. Als sie nach unserer PROFESSION, dem Beruf, fragte, schien sie höchst überrascht: Eine Ärztin, eine Journalistin, eine Schauspielerin ... Vor allem fand sie es erstaunlich, daß wir alle Ausländerinnen waren, aber angezogen wie die Leute auf der Straße, nicht besonders elegant, eben normal.

Wieder versuchte ich, mit Lotte zusammenzubleiben. Die neue Zelle war nicht gar so klein und hatte ein großes Fenster, natürlich vergittert und sehr hoch angebracht. Es waren fünf Pritschen, und wir waren zu fünft. Vera Trail, eine Engländerin russischer Abkunft, Marianne Eildermann und Gertrud Girschikova, eine gebürtige Deutsche mit tschechischem Namen; sie kam aus Aussig, gehörte aber zur deutschen Partei; später war sie die Frau von Lex Ende.

Jede Pritsche hatte einen Strohsack und einen Kotzen, wie man bei uns sagt – eine Pferdedecke. Ich bin instinktiv zu der Pritsche gegangen, die am nächsten beim Fenster stand, wo ich, wenn ich lag, den Himmel sehen konnte. Ich habe immer das Bedürfnis gehabt, wenn's irgendwie ging, ein bißchen Weite zu erspähen.

Es dauerte eine ganze Weile, bis man uns wieder aufschloß. Dann durften wir unsere Bedürfnisse erledigen und in einen Waschraum gehen. Es war Sommer, wir hatten geschwitzt – also zogen wir uns nackt aus, um zu duschen. Die Schwester, die uns beaufsichtigte, fiel in einer Ecke des Raums auf die Knie und rief: „Verzeih ihnen, lieber Gott, es sind alles Ausländerinnen." Es war saukomisch. Sie stellten die Duschen auch schnell wieder ab, Seife besaßen wir ohnehin nicht, wir bekamen ganz kleine Tüchlein zugeworfen, winzige Dinger aus grobem Leinen, an denen wir uns abtrocknen konnten. Dann erhielt jede einen GOBELET, einen Blechtopf, einen Blechteller, einen abscheulichen Löffel und eine sehr schwach gezinkte Gabel. Es war sozusagen das Haus, das uns diese Dinge zur Verfügung stellte.

Danach wurden wir wieder eingeschlossen. Alles, was wir in den Taschen trugen, hatte man bei der Aufnahme untersucht, das Geld hatte man uns abgenommen. Es war Freitag, der 1., am Sonnabend hätte der Günter seinen Lohn bekommen. Wir haben immer von der Hand in den Mund gelebt, wir besaßen keine Ersparnisse. In der Früh hatten wir uns das bißchen Geld, das noch da war, brav geteilt – ich glaube, jeder bekam zwanzig Franc. Die Schwester lachte, als sie meine gewaltige Barschaft sah. „Na, das reicht ja gerade fürs Schreibpapier und für ein paar Briefmarken."

Ich schüttelte nur den Kopf. Ich konnte mir nicht vorstellen, daß ich da lange bleiben würde.

Lotte hatte mehr Geld als ich, Gott sei Dank, Marianne auch, aber Marianne war etwas „zugeknöpfter". Es gibt ja Menschen, die in einer schwierigen Situation keineswegs sehr kameradschaftlich reagieren. Marianne war außer sich, es ging ihr auch gesundheitlich nicht so wunderbar. Menschen, die ewig um ihre Gesundheit besorgt sind, werden ja meist uralt, ihre Umwelt machen sie allerdings leicht wahnsinnig: Sie halten alle immerfort in Spannung, ob sie noch ein bißchen leben werden oder nicht. Es sind keine schlechten Menschen, sie selbst wissen gar nicht, wie sehr sie andere belasten. Ich möchte extra betonen: Sie sind in keiner Weise böse, aber es ist eben eine Art des Lebens, von der man meiner Meinung nach als Genossin ein bißchen lassen könnte, wenn man in so außerordentlich komplizierte Umstände gerät.

Für mich war es entsetzlich, nicht zu wissen, wo der Günter steckte; nicht zu wissen, wie ich den Tomas erreichen könnte; nicht zu wissen, was mit unserer kleinen Wohnung, was vor allem mit unseren Freunden geschehen würde. Daß das hier in diesem scheußlichen Gefängnis nicht das Ende wäre, war mir klar. Nur hatte ich große Sorge, man würde uns an Nazi-Deutschland ausliefern. Wir waren schon 1936 ausgebürgert worden. Dorthin überstellt, würde mein Leben beendet sein. Jeder hatte genug an das zu denken, was ihn belastete.

Es „glockte", wir wurden aufgeschlossen, im Gänsemarsch, eine hinter der anderen, durch die Gänge geführt und eine Treppe hinunter in den RÉFECTOIRE. Dort standen Holztische und Holzbänke. Jede hatte ihr Blechgeschirr dabei, und wir mußten uns auf Kommando setzen. Eine Kalfaktorin fuhr auf einem kleinen Wagen einen sehr großen Kochtopf herum mit einer stinkenden, aber wirklich stinkenden Bouillon, in der Kohlblätter schwammen. Die Suppe klackte sie uns in die Blechteller. Ich habe damals nichts gegessen. Ich konnte nicht.

Nachher, auf dem Hofgang, habe ich das Haus von außen gesehen. Die Altvorderen wußten, wie man solche entsetzlichen Häuser bauen muß! Es gab sehr starke Mauern, sehr breite Treppen. Ich erinnerte mich an die wunderschöne Geschichte von Dickens *Ein Weihnachtslied in Prosa*, in der gesagt wird, das Treppenhaus sei so groß gewesen, daß ein Sargwagen mit schräg gestellter Deichsel hätte Platz finden können – ungefähr so groß war auch diese Treppe.

Das ganze Haus stank gräßlich. Der Gestank kam von toten Ratten. Nachts rasten auf dem Hof dicke Terrier herum und machten Jagd auf die kreischenden Ratten. Diese erste Nacht war wirklich abscheulich. Der Vollmond leuchtete direkt in das Fenster hinein, und auf meinem grauen Kotzen bildete sich das Eisengitter ab. Ich war erschüttert.

Aber man gewöhnt sich auch an eine solche Umgebung.

In einem größeren Raum saßen wir auf niedrigen alten Chorstühlen, in Zweierreihen. Es gab ein erhöhtes Pult, wie das Katheder in der Schule. Auch eine Tafel. An deren Rand hing ein Kruzifix. Da aber nun Krieg war, hängte die Aufsichtsnonne ihre Gasmaske über den lieben Herrn Jesu. Wir durften nicht sprechen, auch etwas zum Arbeiten bekamen wir nicht. Wer Geld besaß, durfte sich Nähutensilien kaufen und Handarbeiten machen. Wer es konnte, konnte sich bei der Kalfaktorin ein Essen kaufen, sonst gab es LA GRATITUDE DE LA MAISON. An unsere Männer durften wir nur einmal in der Woche schreiben. Dafür aber bekamen wir reichlich Fragebogen geliefert, die wir in französischer Sprache ausfüllen mußten.

An einem Tag wurde ich aufgerufen, ich bekäme am Nachmittag Besuch. Während des kurzen Spazierganges auf dem Gefängnishof – ein nicht allzu großes Dreieck, zum Teil gepflastert, mit ein paar alten Bäumen bestanden, in der Mitte eine Art von gedecktem Türmchen, in dem eine mit einem Pfeifchen bewaffnete Nonne saß – war bald die eine, bald die andere Genossin hinter oder vor mir und bat mich, an die Person, mit der ich sprechen würde, unbedingt bestimmte Nachrichten zu übermitteln. Es handelte sich hauptsächlich um Informationen über unsere Situation, die Anzahl der hier inhaftierten Genossinnen und um ganz wenige private Wünsche, besonders um die Frage nach den Genossen, die mit uns gemeinsam verhaftet worden waren. Von Berufs wegen hatte ich ein gutes Gedächtnis (und habe es bis heute), so konnte ich mir alle Aufträge merken.

Um vierzehn Uhr wurde ich aufgerufen. Eine mir bis dahin fremde Nonne begleitete mich durch viele Gänge, auch Höfe, deren Türen sie aufschloß und hinter uns sofort wieder verschloß. Schließlich landeten wir in einem turmähnlichen Raum. Durch Drahtgitter waren von der Mitte her lauter kleine Räume gezogen, hinter denen wir und vor denen die Besucher standen.

Zu meiner Überraschung war es Traute Hölz, die mich besuchte. Wir durften nur französisch sprechen. Wir gingen so eng wie möglich ans Gitter, um nicht, wie viele andere, schreien zu müssen. Sie unterrichtete mich, daß alle Männer, also auch Günter, im Gefängnis LA SANTÉ säßen, fast alle in Einzelhaft. Daß man sich um warme Kleidung auch für uns kümmern würde, sofern es möglich wäre, in die Wohnungen zu kommen. Die Nachricht, daß Tomas noch in Angers sei, beruhigte mich. Dann erzählte Traute Hölz mir auch etwas über die Kriegslage und über die Stimmung der Bevölkerung. Ob man einen Anwalt, ob man Organisationen von unserer Inhaftierung in Kenntnis setzen sollte, darauf wußte sie keine Antwort. Man solle „individuell" entscheiden, das war die Auskunft.

Das ganze Gespräch dauerte etwa zwanzig Minuten. Der Polizist, der in der Mitte auf einem Podest stand, rief mehrmals: „Dépêchez-vous, mes dames!" (Beeilen Sie sich, meine Damen.) Meine Nonne zog mich an den Schultern zurück, und der Besuch war beendet.

Auf dem Rückweg wurde wieder auf- und zugeschlossen. Bei der vorletzten, besonders schwer mit Eisen beschlagenen Tür, die hinter mir zukrachte, bekam ich einen Schreikrampf. Traute fuhr jetzt draußen mit der MÉTRO, und mich hielten viele Türen, fest verschlossen, von der Freiheit zurück. Die Nonne hielt mir den Mund zu, dann lief eine zweite herbei und schlug mir ein nasses Tuch um die Ohren. Ich kam wieder zu mir. Völlig apathisch ging ich zurück in unseren Raum. Alle schauten mich an wie eine Erscheinung. Sicher sah ich mitgenommen aus. Ich entledigte mich meiner Aufträge, so gut und so schnell ich konnte.

Ende Oktober teilte uns ein Militär mit, wir kämen aus dem Gefängnis heraus und würden verschickt werden, kein Wort davon, wohin. Daß wir vorher noch einmal nach Hause gehen könnten, um uns wärmere Kleidung, Mäntel, Wolldecken zu holen, versprach er mit seinem „Offiziersehrenwort". Leider war dieses Ehrenwort nichts wert, denn der Transport wurde überraschend an einem Abend angemeldet für den nächsten Morgen fünf Uhr.

Mit einem Bündel, ehemals mein Kleiderrock aus schwarzer Seide, nun als Sack zusammengenäht, darauf so groß wie möglich aus rosa Perlgarn gestickt die Aufschrift ROQUETTE, kam ich zusammen mit meinen Genossinnen auf dem Gare de Lyon an.

Auf Polizeiflitzern waren wir aus unserem Gefängnis abgefahren worden, bei Nacht und Nebel, wie es sich für eine „anständige" Polizeiaktion gehört. Nach Aufruf des Namens mußte man auf dem Hof der Roquette einsteigen. Da es für eine Frau nicht gerade bequem ist, auf einen Lastwagen zu klettern, konnte ich, indem ich mich bewußt ungeschickt anstellte, dem Polizisten in die Liste gucken, die er mit einer Taschenlampe anleuchtete. Hinter meinem Namen stand: PROPAGANDISTE DANGEREUSE (gefährliche Propagandistin).

Nun auf dem Bahnsteig, gingen wir eine große Strecke am Zug entlang, der bereits da stand. Meinen Beutel, in dem kaum etwas drin war, trug ich auf dem Rücken, damit man die Aufschrift gut lesen konnte. Ich hoffte, es würde Reisenden oder dem Bahnpersonal auffallen, da wir ja nicht gerade wie „Abseitige" aussahen. Um auf uns aufmerksam zu machen, inszenierte ich einen Anfall von Schreikrampf, als die ersten von uns in einen Wagen stiegen. Sofort rannten mehrere Polizisten auf mich zu, auch meine Genossinnen wollten mich beruhigen. Es gab also einen kleinen Auflauf vor dem Waggon, auf den anderen Bahnsteigen herrschte schon Reiseverkehr. Ob meine Aktion bemerkt wurde, weiß ich nicht, jeder kämpft mit den Mitteln, die ihm zu Gebote stehn.

Die Reise war schrecklich. Bis Lyon hatten wir das Gespenst einer Auslieferung an die Nazis vor Augen, und wir wußten natürlich nicht, wohin wir fuhren. Mitten in der Nacht kamen wir dann auf dem Bahnhof von Mende, Departement Lozère, an. Es regnete. Andere Polizisten übernahmen uns. Wir mußten einen Weg von fast zwei Stunden in voller Dunkelheit laufen. Es ging bergauf. Einige Frauen waren nervlich und körperlich vollkommen fertig. Ich half der Frau des Genossen Angeluschew, die kaum noch gehen konnte. So kam es, daß wir beide den traurigen Zug beschlossen.

Der Empfang im Verwaltungshaus, wo wir brav in einer Reihe warten mußten, bis wir drankamen, war keineswegs vertrauenerweckend. An großen Tischen saßen zwei Männer in einer Art von Uniform, jeder eine lange Peitsche vor sich und dazu harmlose Aktendeckel. Einigen Genossinnen machte die Sprache Schwierigkeiten. Dauerte die Verständigung zu lange, so schlugen die Herren mit ihren Peitschen auf den Tisch. Rosi Wolfstein, der sie wohl ansahen, daß sie Jüdin war, die gut französisch sprach und sich erlaubte zu fragen, wo wir denn wären, bekam gleich ein paar mit der Peitsche über den Kopf gezogen.

Eine Frau in einem kurzen schwarzen CAPE nahm uns, die zwei letzten, in Empfang. Sie führte uns weiter hinauf an einer Balustrade entlang zu einem festen Steinhaus, öffnete die Tür, ließ uns hinein, schloß ab. Was ich sah, war nach all der ausgestandenen Angst für mich überwältigend komisch. Ich begann laut zu lachen. Wie in Schwalbennestern saßen die Frauen: die Holzpritschen hatten gleich noch Pritschen über sich als erste Etage. Jeweils ein Strohsack und eine Decke machten die Einrichtung aus, zwei Strohsäcke, dazwischen eine Holzlatte, bildeten die Kojen. Der Saal war in zwei Reihen eingeteilt, in der Mitte durch einen Gang mit einem großen eisernen Ofen unterbrochen. Das Ofenrohr lief rechts fast an der Decke über den Kojen entlang bis zu einem Abzug. Unter diesem Abzugsrohr aus einer ersten Etage rief mich Lotte Baumgarten zu sich hinauf. Sie hatte einen Strohsack für mich reserviert. Fast alle schliefen, nachdem das sparsame Birnchen über dem Ofen ausgeschaltet worden war, vor Erschöpfung und Müdigkeit schnell ein.

Am Morgen, vor sieben Uhr, wurde aufgeschlossen. Ich kletterte sofort von meiner Pritsche herunter und stürzte, leicht bekleidet, aus der Tür. Auf diesen Anblick war ich nicht vorbereitet. In der Dunkelheit der Nacht, bei kaltem Herbstregen angekommen, schien mir der Ausblick wie eine Liebkosung. Ein warmer, leicher Wind, blauer Himmel, ein Duft von unbetretenem Boden. Gras und Blumen vor mir, hatte ich, mich auf die Balustrade stützend, einen weiten Blick über Bäume und ein Bachtal auf den gegenüberliegenden Berg mit Kniekiefern und Eichen. Vor Vergnügen, dem stinkenden Haus und Hof der ROQUETTE entronnen zu sein, fing ich an zu singen. Sofort erschien neben mir die Genossin Claire Muth-Quast und fauchte mich mit Tränen in den Augen an: Wir seien in einem Lager, wie ich da singen könnte? – Ein Gegensatz in der Gefühlswelt, der nie zu überwinden ist.

Im Oktober 39 waren wir also angekommen. Wer hätte gedacht, daß der Aufenthalt in Rieucros für einige von uns über zwei Jahre dauern würde? Anfangs wohnten wir im „Steinhaus“, wie es später gegenüber den mit Nummern versehenen Barakken hieß. Das erste Weihnachtsfest haben wir noch dort gefeiert.

Unsere Gruppe, meistens Kommunistinnen, wurde verstärkt durch Gertrude Düby und Ines Kurella und durch die italienischen Genossinnen Teresa Longo, Anna-Maria Montagnana und Baldina Di Vittorio; zu den Tschechinnen kamen noch Lenka Reinerová und die Tonka.

In das obere Stockwerk zogen ebenfalls Neue ein. Das waren meistens „Damen“, die als Spioninnen galten oder die für Deutschland denunziert hatten. Unter ihnen gab es eine Reihe von wirklich bezaubernd schönen, jungen Frauen, POULE DE LUXE, die außerdem zweifelhafte Arbeit geleistet haben sollten.

Später wurde auch die Mutter von Harald Hauser eingeliefert und Leonhard Franks Frau Ilona.

1940 im Frauenlager Rieucros bei Mende, Departement Lozère. Doris von Salomon, Steffie Spira, Annemarie Schulmeister und Hertha Fischer-Norden (von links) haben soeben erfahren, daß sie von ihren französischen Bewachern zukünftig nicht mehr mit ihren Namen aufgerufen werden, sondern per Nummer. Steffie Spira, ein unverfängliches Lächeln aufgesetzt, hält in ihrer Linken eine Marke mit einer – auf dem Original erkennbaren – 52, ihrer Nummer.
Das Photo ist auf diese besondere Art gestellt, um die Briefzensur der Lagerleitung zu täuschen. Aufgenommen hat es János Reismann, als er einmal die Erlaubnis bekam, Sylta Busse zu besuchen. Er ließ vier Abzüge ins Lager einschmuggeln: für jede der Frauen einen, bestimmt für ihre Männer, die in Le Vernet saßen oder illegal lebten.

Ilona, von Geburt Russin, war wohl gleich nach der Revolution mit ihren Eltern emigriert. Sie schien eine vermögende Frau zu sein und kaufte sich den zweiten Platz ihrer Koje frei von einem armen Mädchen namens Martha, einer Deutschen, die sie auch gleich zu ihrer Zofe machte. Martha sorgte für Ilona, brachte ihr heißes Wasser, brühte Tee auf, machte die Koje sauber, nähte Knöpfe an und wusch die Wäsche.

Als meine Freundin Sylta Busse-Reißmann, die Malerin und Bühnenbildnerin, ins Lager kam, malte sie für Ilona, die in einer unteren Koje schlief, auf die Bretter über deren Kopf mit herrlicher blauer Farbe und mit Sternen ähnlichen goldenen Gebilden einen Himmel. Syltchen wurde fürstlich bezahlt, außerdem bekam sie Farben zum Malen, was wohl das Ausschlaggebende für sie war.

Wir versuchten, uns das elende Lagerleben erträglich zu machen. Morgens, in der ersten Helligkeit, gingen Gertrude Düby und ich auf den Berg und nahmen den Stein von der Quelle, damit es dann unten im Waschraum zwar eisiges, aber herrlich frisches Wasser für alle gab. Ebenfalls gleich in der Früh machte Gertrude, auch wenn es kalt war, mit allen, die mittun wollten, eine ordentliche Morgengymnastik. Wir hielten Kurse ab, zum Beispiel Englisch- und Russischstunden. Natürlich gab es auch „Dienste", die die Leitung des Lagers anordnete. Sie wurden umschichtig bestimmt, mit Ausnahme des Küchendienstes, der fest in den Händen der GROSSEN FAMILIE der deutschen Genossinnen blieb.

Das erste Weihnachten stand vor der Tür. Für einen Basar wurden Handarbeiten gemacht, Bilder gemalt, Bastschuhe (ESPADRIN) geflochten. Bei meinem handwerklichen Ungeschick konnte ich da leider nicht mithalten. Wochenlang habe ich an einem Paar Socken gestrickt. Ich bat mir von meinen Genossinnen Wollreste aus, allerdings nur blaue und gelbe, in allen Schattierungen. Günter bekam die Socken zu Weihnachten ins Lager Le Vernet geschickt, QUARTIER B, BARAQUE 8; alle Genossen, so schrieb er mir, fänden sie über alle Maßen schön, er wäre sehr stolz.

Ich wurde dazu ausersehen, die gefertigten Gegenstände auf dem Basar im Saal der MAIRIE, des Rathauses, zu verkaufen. Natürlich war ich nicht die einzige, die nach Mende hinuntergehen durfte, wir waren, glaube ich, zu acht. So kamen wir mit der Bevölkerung von Mende, unseren Käufern, in Kontakt. Hinunter und wieder hinauf wurden wir von Polizisten begleitet, während des Basars blieben wir unbeaufsichtigt. Wir konnten in der Mittagszeit Brötchen kaufen, auch Kuchen, wir schrieben ja noch das Jahr 1939, und nahmen natürlich solche Einkäufe auch für die anderen Insassinnen mit. Das alles verdankten wir M. Bourillon, dem Bürgermeister von Mende, einem Sozialdemokraten, Mitglied der S. F. I. O. Er wurde später von den Nazis verhaftet, nach Deutschland deportiert und in einem Lager umgebracht.

Mit einigen Frauen studierte ich ein paar Kurzszenen ein. Genannt *Le petit instant*, der kleine, der kurze Augenblick – die Redensart aller Polizisten, die uns in Paris verhaftet hatten. Marina Strasde, eine Susanne und ich legten die Szenen fest. Eine Frau, die buchstäblich im Nachthemd, einen Mantel darüber geworfen, mitgegangen war, weil sie, ihr Baby gerade an der Brust, geglaubt hatte, es wäre wirklich nur für einen „kleinen Augenblick". Eine Szene zeigte auf dem Bahnhof den Abtransport ins Ungewisse. Eine andere unsere Ankunft in Rieucros. Ich versuchte, einen Übergang vom Krieg zum „Fest des Friedens", Weihnachten, durch Gedichte zu schaffen, darunter das *Kriegslied* von Matthias Claudius, „'s ist leider Krieg – und ich begehre,/Nicht schuld daran zu sein!".

Zu unserem Spiel, das in einer Baracke stattfand, kamen auch die Chef-SURVEILLANTE und der Kommandant. Wir sprachen unsere Rollen deutsch, die Franzosen, die im Spiel vorkamen, wurden französisch gesprochen. Die Lagerleitung war überrascht, solche Aktivitäten hatte sie nicht erwartet.

Da unser kleines Spiel so einen Erfolg natürlich auch bei allen unseren Zuschauerinnen hatte, haben wir dann am 8. März 1940 einen neuen Abend gestaltet. Ich hatte die Idee, die Frauen der verschiedenen Nationen, die in unserer Baracke waren, und auch die spanischen Frauen in der Nachbarbaracke zu bitten, Wiegenlieder auszusuchen und jeweils eine Frau, die das entsprechende Lied singen würde. Wir kamen aus elf Ländern Europas: aus Bulgarien, Deutschland, England, Italien, Österreich, Polen, Rumänien, aus der Schweiz, der Sowjetunion, der Tschechoslowakei und aus Ungarn. Sylta und Ursula Katzenstein, die „Tischlerin", zauberten aus Brettern und Papier eine

Wiege, bunt bemalt. Jede der Frauen legte zu ihrem Gesang wenigstens ein besonderes Kleidungsstück ihrer Nationalität an, Tuch oder Gürtel oder Kopfbedeckung. Am Schluß kam dieses Lied*, gesungen mit schöner, reiner Stimme von Lisa Kirbach:

Berceuse

Douce chanson du berceau
souffle tremblant en tendresse
que les désirs sont égaux
quand vers l'enfant on se baisse.
Le chœur des mères confond
langues, frontières, nations
toute la terre comprend
ce que chante une maman.
Soleil, souris à mon enfant.

Längst schon waren wir in die Baracken hinuntergezogen. Keiner dachte mehr an Gymnastik, wir waren zu müde und zu schlecht ernährt. Einmal haben wir, die politischen Lagerinsassinnen, gestreikt.

Eine Frau war wahnsinnig geworden, man hatte sie furchtbar geschlagen. Wir sagten: Wir machen nicht mehr weiter, bis eine Ambulanz kommt und die Frau dahin bringt, wohin sie gehört, in eine

*Dieses „Wiegenlied" lautet, wörtlich übersetzt, etwa: Leises Lied über der Wiege summ, sorgend in Zärtlichkeit, daß alle Wünsche gleich sind, wenn man sich über das Kind beugt. Der Chor der Mütter überwindet Sprachen, Grenzen, Nationen, die ganze Welt versteht, was eine Mutter singt. Sonne, lächle meinem Kind.

Anstalt. Als Antwort darauf ließ der Kommandant aus Mende Militär kommen. Wir sollten die Baracken nicht verlassen. Aber die Aufseherinnen waren harmlose Frauen, die wenig begriffen, und wenn wir deutsch sprachen, verstanden sie nichts. Ich sagte zu meinen Genossinnen: „Seid ruhig, ich mach das schon."

Unsere Baracke war die erste hinter dem Tor. Ich ging hinunter zum Tor, als ich etwa vierzig Soldaten im kurzen Laufschritt des französischen Militärs kommen sah, vornweg ein Leutnant mit gezogenem Säbel. Ich ging auf den Offizier zu und redete ihn an. (Damals sprach ich – und ich spreche heute noch – ganz gut französisch.) „Das ist doch nicht Ihr Ernst, daß Sie so in ein Frauenlager kommen, Sie wollen sich doch nicht blamieren. Wissen Sie denn nicht, was hier los ist?" Und ich erzählte ihm in kurzen Worten, was geschehen war.

Er sagte: „Merci, madame, merci!" Und zu seinen Leuten: „Das sind reizende Frauen, die sollen mal froh sein, daß Männer zu ihnen kommen." Er steckte seinen Säbel ein und ging in aller Ruhe an unserer Baracke vorbei hinauf zu unserem Kommandanten. Auch die Soldaten fielen in Schritt.

Alle meine Genossinnen waren voll des Staunens. Ich fand nichts dabei. Wenn man in einer solchen Situation normal handelt, entwaffnet man die Menschen am leichtesten.

Im Juni fiel Paris. Die Deutschen besetzten halb Frankreich. Unser Lager lag in der unbesetzten, in der sogenannten freien Zone des Marschalls Pétain. Dessenungeachtet ging die Kommission der Nazis unter SS-Standartenführer Kund durch alle Lager in diesem „freien“ Teil Frankreichs, auch durch unseres.

Alle deutschen Frauen wurden aufgefordert, auf dem Hauptplatz zu erscheinen. Nur eine Genossin, die Tschechin war, noch eine Deutsche aus der Tschechoslowakei und ich, eigentlich Österreicherin und außerdem 1936 ausgebürgert, wir drei gingen nicht mit. Wir sagten, damit hätten wir nichts zu tun, wir wären keine Deutschen. Kurz darauf fuhr vor unserer Baracke ein großer Mercedes vor mit einem brüllenden SS-Offizier. Er schrie unsere Namen, fragte, was uns einfiele, daß er extra daherkommen müßte, um uns zu suchen. Wir sagten, wir wären ausgebürgert. Er schrie wieder, wir sollten gehen. Wir gingen die zwei Stufen aus der Baracke.

Er stand neben mir, da hing sein Dolch, auf dem zu lesen war: „Blut und Ehre“. Ich sagte: „Viel Blut und wenig Ehre.“ Er wurde ganz weiß im Gesicht und zischte: „Wenn Sie nicht schon im Lager wären ...“, sprang zurück in seinen Mercedes und sauste ab. Meine Genossinnen waren bleich geworden, weil sie wohl dachten, er würde seinen Revolver ziehen oder diesen hervorragenden Dolch. Aber es passierte nichts, gar nichts.

Ich hatte das sagen müssen. Das hatte nichts mit Mut zu tun. Das war einfach eine Reaktion. Ich hatte keine Spur von Angst gehabt. Man sagt ja, Mut sei das Weglassen von Phantasie, aber das stimmt nicht.

All die Zeit über blieben meine größten Sorgen die um Günter und vor allem um Tomas. Seit Paris besetzt war, hatte ich nichts mehr von Tomas gehört, nicht das geringste Lebenszeichen. Die liebenswürdige Madame Amoureux hatte mir mehrmals aus Angers geschrieben und mich auf dem laufenden gehalten. Nun waren alle Verbindungen abgebrochen, denn auch in Angers waren die Deutschen.

Dann, im November 1940, bekam ich plötzlich aus Paris eine Karte von Ponny Bouchez. Ponny war das Mädchen, das Erich Kästner für sein Buch *Emil und die Detektive* Modell gestanden hatte. Nach Paris emigriert, hatte sie einen Franzosen, den Maler und Graphiker Bouchez, geheiratet. Sie hatte einen Sohn, so alt wie Tomas, der, kindergelähmt, sich nicht allein bewegen konnte. So war sie, bis dahin unbehelligt, in Paris geblieben.

Ponny schrieb, eine uns bekannte französische Lehrerin, Mme. Vouillon, hätte Tomas in einem Heim für „verlorengegangene Kinder" gefunden. Madame Vouillon kam in dieses Heim, um die schulpflichtigen Kinder auszusuchen, und das Kettchen, das Tomas trug (ich habe es bis heute aufgehoben), bestätigte seine Identität. Sie rief Hilde Lohmar an, die sie ebenfalls kannte, und Hilde war vorsichtig genug, mir nicht selbst zu schreiben, sondern Ponny darum zu bitten. Ponny schrieb noch, daß Tomas nun alle vierzehn Tage zu ihr käme, zum Essen und zum Spielen.

Sofort ging ich zum Kommandanten des Lagers, er war bereits der dritte, und bat ihn, mir zu erlauben, mein Kind zu mir ins Lager zu holen. Er aber behauptete, die Nummer 52 (die Nummer 52 war ich, wir wurden per Nummer, nicht mehr mit unseren Namen aufgerufen) hätte keinen Ehemann und auch kein Kind, jedenfalls nicht in seinen Akten; ich hätte dann eben, wie so viele Französinnen in diesem Krieg, mein Kind verloren. Vor Verzweiflung wurde ich krank. Ich bekam ein ganz entstelltes Gesicht, eine Hälfte bis unter das Auge schrecklich geschwollen.

Der Kommandant jedoch hatte – dreihundert Frauen und dreißig Kinder im Lager! – eine hysterische Angst vor einer Epidemie. Da man in der Krankenstation nicht feststellen konnte, was mit mir war, durfte ich in Begleitung zweier Polizisten hinunter nach Mende zum Zahnarzt gehen. Meine Genossin und Freundin Lotte Baumgarten gab mir Geld, damit ich die Polizisten zu einem COUP DE ROUGE, einem Glas Rotwein, einladen könnte und vielleicht noch zu einem Essen. Bei mir trug ich ein altes Briefchen von Mme. Amoureux und ein kleines Foto von Tomas und die Karte von Ponny.

Und ich hatte Glück, es waren mitfühlende Polizisten. Ich zeigte ihnen das Bild von Tomas und bat sie, mich zu einem Vertreter des Roten Kreuzes zu führen und währenddessen auf meine Rechnung in ein BISTRO zu gehen und dort auf mich zu warten. Nach einigem Gefrage in der Stadt brachten sie mich zu einem Rechtsanwalt, der das Rote Kreuz vertrat. Ich habe keinen Franzosen gekannt, der sich nicht mit besonderem Interesse um Kinder gekümmert hätte. Dieser Rechtsanwalt nun, ein alter Herr, sagte als erstes zu mir, wie sehr er sich für seine Regierung schäme, die Frauenlager einrichtete. Ich hatte keine Geburtsurkunde von Tomas, auch von mir kein einziges Papier, dieser Mann aber sagte – allen deutschen Beamten ins Stammbuch – : „Madame, ich handele so, als sei es mein eigener Sohn. Sie werden Ihr Kind wiedersehen." Meine Krankheit war schon halb geheilt, als ich danach mit meinen Polizisten zum Zahnarzt ging.

Vier Wochen später ließ mich der Kommandant rufen. Vor ihm lag ein großer Bogen mit dem roten Kreuz darauf. Er teilte mir mit, daß Tomas am nächsten Tag in Mende ankäme und ich die Erlaubnis hätte, mit einem Polizisten zum Bahnhof zu gehen, um ihn abzuholen. Außerdem hätte er ja auch gesehen, daß ich mich um ein Visum für Amerika bemühte, na, vielleicht wäre es bald soweit. Lauter Huld und Freundlichkeit. Der Brief des Roten Kreuzes muß wohl nicht gerade ein Loblied gewesen sein.

Es war kurz vor Weihnachten, bitter kalt, hoher Schnee. Auch dieser Begleiter zeigte Verständnis, als ich ihn bat, mich allein auf den Bahnsteig gehen zu lassen. Ich stand nicht lange vor den Gleisen, auf denen der Zug einlaufen sollte, da kam er, fauchend, rauchend, mit Getöse über die Schienen und hielt mit quarrenden Bremsen.

Sehnsüchtig hielt ich Ausschau nach einer Rotkreuzschwester mit einem Kind an der Hand. Der Zug stand nur kurz, viele Soldaten stiegen aus, nur wenige Zivilisten, eine ältere Frau. Auf sie ging ich zu und fragte sie nach einem kleinen Jungen. Nein, sie hatte kein Kind gesehen. Sie ging, der

Bahnsteig leerte sich. Nur drei Soldaten standen noch in einem Kreis auf dem Perron. Da entdeckte ich zwischen ihnen zwei Kinderschuhe. Tomas! Die Soldaten, ob meines Aufschreis sichtlich befriedigt, gaben den Blick auf das Kind frei. Ich weiß nicht, wie ich mich von ihnen verabschiedet habe, ich weiß nur, daß ich das Kind in den Arm nahm, meinen Kopf in seinen Teddybärmantel steckte, damit es die Tränen nicht sah.

„C'est-toi, maman?" sagte Tomas. Er sprach kein Wort Deutsch.

Bis zur Rückkehr 1947 sprach er kein Wort Deutsch mehr.

Im Februar 1941 kamen ich und Tomas zusammen mit noch anderen Genossinnen aus Rieucros nach Marseille. Dort hatte man das Hotel Bompard geräumt, ein recht elegantes Stundenhotel, sehr schön in einem Garten an der Corniche gelegen, und zu einem Abfahrtslager für Frauen gemacht.

Günter war aus dem Lager Le Vernet nach Les Milles bei Aix-en-Provence, ebenfalls ein Abfahrtslager, übergeführt worden. Während er sich mit einem Erlaubnisschein frei bewegen durfte, wurden wir Frauen wie Verbrecherinnen behandelt. Mit Tomas an der Hand und einem Polizisten neben mir durfte ich mich zwei-, höchstens dreimal die Woche mit Günter treffen, um unsere Visabeschaffung zu betreiben. Nie wich der Polizist von meiner Seite.

Nur einmal erhielt ich ein Dokument, das des Aufhebens wohl wert gewesen wäre: die Erlaubnis der PRÉFECTURE DE POLICE von Marseille, eine

Nacht mit meinem Mann in einem Hotel zu verbringen! Nirgendwo anders als in Frankreich konnte man so menschlich reagieren. Das Ergebnis aber blieb nicht aus. Ich wurde schwanger. Von Anfang an war das kein guter Zustand für mich.

Zuerst schlief ich mit Tomas in einem großen französischen Bett. Dann aber, im Mai, kamen aus Deutschland jüdische Frauen, denen Verwandte aus Amerika oder England Visa besorgt hatten, in das schon überfüllte Haus. In unser Zimmer mit dem großen Bett, zwei Nachttischen, einem Toilettenbecken samt BIDET wurden noch zwei alte Frauen einquartiert. Da es schon recht warm war, legte ich mich auf einen Vorleger auf den Fußboden. Oft krabbelte Tomas zu mir herunter. Auch auf seinen Gemütszustand wirkte sich dieses turbulente Leben aus. War er nie ein guter Esser gewesen, so wehrte er sich in dieser Zeit gegen alle Nahrung, außer Obst.

Es waren nun in diesem Haus mit etwa zwanzig Einzelzimmern mehr als hundert Menschen zusammengepfercht. Die sanitären Einrichtungen hielten natürlich solchen Beanspruchungen nicht stand. Für die Kinder war das einzig Erfreuliche der schöne Garten mit dem Blick aufs Meer. Als der große Maulbeerbaum Früchte bekam, trug er sie so reichlich wie nie vorher, ein wahrer Segen. Madame Antoun, eine Algerierin, die Chefin des Hauses, war überzeugt, daß Allah da seine Hand im Spiel haben mußte, denn so eine Pracht hatte sie noch nie gesehen.

Die tüchtige Genossin Lisa Kirbach gab den Kindern im Garten ein wenig Unterricht und machte vor allem Gymnastik mit ihnen, damit sie wenigstens auf diese Weise ihrem Bewegungsdrang nachgehen konnten. Auch Liedchen wurden gelehrt. Die Kinderstimmen bildeten einen schwer beschreibbaren Kontrast zu allem, was uns umgab. Lisa und ich bastelten auch ein Puppentheater, wir spielten mit drei Figuren. Da aber selbst die Kinder von der großen Unrast des Abreisens erfaßt waren, kam selten Konzentration auf. Bald rief die eine Mutter, bald die andere ihre Kinder vom Lernen oder Spielen weg, und sofort entstand Unruhe, ob die da Abgerufenen fortbleiben oder wiederkommen würden.

Durch die schlechte Ernährung und all den Widerwillen an diesem Leben bekam ich Gelbsucht, bei meiner Schwangerschaft ein schlechtes Zeichen. Mir wurde durch die Hilfe des Flüchtlingskomitees eine Lebensmittelkarte beschafft, auf die ich etwas Milch und Weißbrot bekam. Welche Mutter aber würde solche kostbaren Sachen allein essen?

Unsere Nervosität steigerte sich, als sich herausstellte, daß unsere Visa für die USA zwar angewiesen waren, das amerikanische Konsulat in Marseille sie uns aber noch immer nicht aushändigen durfte. Es war fünf Minuten vor zwölf, hatte doch SS-Standartenführer Kund uns im Lager Rieucros und den Männern im Lager Le Vernet schonungslos angekündigt, daß alle jene nach Auschwitz deportiert werden würden, die Frankreich bis zum Oktober 1941 nicht verlassen hätten.

Ende August teilte uns das USA-Konsulat mit, daß alle Visaanträge „zurückgestellt" worden seien.

Da sprang der unvergessene, von allen Emigranten hochgeschätzte Gilberto Bosques in die Bresche, der mexikanische Konsul in Marseille. Wir alle, denen die Auslieferung nach Deutschland drohte, bekamen Visa für Mexiko. Er sei bedankt!

Nun begann der Lauf nach den Durchreisevisa für Spanien und für das Abfahrtsland Portugal und für die weiteren Stationen, die Dominikanische Republik und Kuba. Geld für die Schiffsreise zu beschaffen war die nächste Hürde. Wir hatten das Glück, unter den Mitarbeitern des Réfugiés aide-comité gleich zwei Freunde zu haben: Dörte Koestler und Alexander Reiter. Helene Ducas, die Privatsekretärin von Albert Einstein, durch Günters Bruder Curt über vier Ecken mit uns verwandt, bekam des Professors Unterschrift unter einen Brief an das Komitee, der bat, uns zu helfen.

Da weder Günter noch ich während des Krieges in Spanien gewesen waren, erhielten wir das spanische Durchreisevisum. Die Portugiesen machten, als wir nachweisen konnten, daß wir auf der Passagierliste der *Serpa Pinto* standen, keine Schwierigkeiten. Auch die anderen Stempel bekamen wir zusammen. Trotzdem vergingen noch sieben Wochen, ehe wir die Reise antreten konnten.

Mit einem sauf-conduit, ausgestellt, pour aller seulement, nur zur Ausreise, mit all den bunten Visa versehen, fuhren wir per Bahn nach Madrid. Canfranc war der französisch-spanische Grenzbahnhof. Ich kann ihn nie vergessen. Die hohen Berge, die rechts und links das schmale Tal umgeben, und den kleinen Bahnhof, auf dem wir lange warten mußten. Auf dem einen Hang und auf den Gipfeln lag die Sonne. Die andere Seite geradezu schwarz. Das Gras dünn und die Bäume klein, verweht. Süd- und Nordseite.

So geht es auch mit den Menschen, dachte ich. Die einen haben alles und sitzen auf der Sonnenseite. Die anderen, die Armen, hocken im Schatten, leiden, entbehren und gehen gegen ihr Ungemach an. Man kann aber auch Berge sprengen, der Sonne Platz schaffen, die Verhältnisse ändern.

Günter und ich mußten auch an die Genossen denken, die mit Hingabe und Mut an der Seite der spanischen Kameraden gekämpft hatten. Wie schrecklich mußte ihr Weg zurück gewesen sein. Wir waren gerade mit dem ersten Schritt der Barbarei entronnen, was aber hatte sie erwartet! Das grauenvolle Camp von Gurs und Schlimmeres. –

Für den dreitägigen Aufenthalt in Madrid hatten wir die Adresse eines Hotels, dessen Besitzer Juden waren. Besonders die Frau war von uns ganz entzückt, sofort ins Herz schloß sie Tomas. Meine Schwangerschaft, ja nun wahrhaftig sichtbar, rührte sie sehr. Nach der ersten Nacht, die wir alle drei zum erstenmal nach langer Zeit gemeinsam in einem Zimmer verbrachten, gab es keine andere Überlegung als: in den Prado zu gehen. Alle wichtigen Erledigungen, das Besorgen der Eisenbahn- und Platzkarten für Lissabon, mußten warten.

Dieser unser erster Museumsbesuch nach zwei Jahren beeindruckte uns tief. Erst wenn man die Originale gesehen hat, weiß man, wie sehr El Greco und Murillo in diese Landschaft und zu diesen Menschen gehören. Nirgends sonst gibt es diese Brauntöne, dieses Olivgrün, den schweren dunklen Himmel, Licht aus einer Ecke, wo die Sonne sich gerade durchgekämpft hat. Die Menschen, deren langgestreckte Gesichter nur Augen sind, kann man auf der Straße wiederentdecken.

Später gingen wir auf der berühmten Gran Via spazieren, setzten uns auch in eines der Cafés, Tische und Stühle auf der Straße. Tomas beeindruckten die Kinder, die mit ihren Holzkisten und einem kleinen Schemel ihre Dienste als Schuhputzer anboten. Sie, BOLEROS genannt, waren kaum älter als er. Zu essen gab es herzlich wenig, Ende September 1941! An den Häuserwänden konnte man Einschläge von Granaten erkennen, zum Teil war selbst das Pflaster noch aufgerissen, Straßenbahnen und Omnibusse zeigten Einschüsse. Die Stadt machte den Eindruck einer schönen Frau, der man Gewalt angetan hat. Die Menschen waren nicht mitteilsam, und zwischen den Zivilisten tauchte immer wieder die GUARDIA CIVIL auf. Was uns nicht ruhig machte.

Als der Abreisetag anbrach, stand ich früher als meine Männer auf und zog die Jalousie hoch. Dabei machte es in meinem Kreuz einen ernst zu nehmenden Ruck, das Kind in meinem Bauch rutschte weiter nach unten. Ich richtete mich auf, hatte aber keinerlei Schmerzen. Günter und Tomas wollten in die Stadt, um einen Koffer zu kaufen, da wir nur einen großen Karton besaßen – für eine Seereise doch ein Wagnis. Ich aber fuhr noch einmal zum Prado, um mir am frühen Morgen, ohne viele Menschen, die Bilder von Goya anzusehen.

Der Zug ging um siebzehn Uhr, wir hatten vor, um sechzehn Uhr auf dem Bahnhof zu sein, trotz unserer Platzkarten, denn wir kannten uns mit den Fahrplänen und den Gewohnheiten nicht gut aus.

Gegen elf war ich vor meinen Bildern. Ich sah mir von den *Caprichos* bis zur *Maja*, von den Gobelins mit den Reiseszenen bis zur *Erschießung der Aufständischen* und zur so mutig gemalten Familie des Königs von Spanien alles an. Ich setzte mich da, wo es möglich war, und ließ den ganzen großen Kreis der Erlebnisse eines Lebens um mich sein. Diese Vielfalt im kleinen, diese Konzentration auf das Wesentliche im großen. Ein nie zu bändigender revolutionärer Geist in einer Zeit, die in Untertänigkeit, in Glaubens- und Sittenstrenge erstickte, in einer Zeit böser Intrigen, niedergeschlagener Aufstände.

Nie ist der Maler zu Kreuze gekrochen. Im wahrsten Sinne des Wortes. Er war kein Schaukelpferd. Er hat den einzig richtigen Schritt getan, wenn er auch im Wahnsinn endete.

Wie ich mit Günter und Tomas auf den Bahnhof gekommen bin, weiß ich nicht mehr. Wir stiegen in das Abteil, auf das uns unsere Platzkarte verwies. Wie freute ich mich, daß Paul Westheim, der große Kunstkritiker – viele seiner Artikel in der *Weltbühne* und sein bei Paul Cassirer erschienenes Buch hatte ich gelesen –, uns gegenüber saß. Tomas, neben mir, schaute aus dem Fenster, Günter war noch einmal ausgestiegen, um Obst zu kaufen. Wir hatten bis zur Abfahrt reichlich Zeit.

Plötzlich überkam mich eine ungeheure Unruhe,

ich hatte nur ein Bedürfnis: hinaus aus dem Zug. Ich sagte irgend etwas zu Westheim, fiel fast die steilen Stufen aus dem Zug und suchte eine Toilette. Weiter weiß ich nichts. Auf dem Bahnhof in Madrid, in einem Ambulanzzimmer, während des Krieges eingerichtet, habe ich mein Baby bekommen. Der Arzt, der plötzlich da war, sagte mir auf französisch, daß es ein Mädchen sei, ich solle mir aber keine Illusionen machen, es könne nicht leben, der achte Monat sei der schlimmste, die inneren Organe, besonders Leber und Blasenwege, seien nicht zu Ende entwickelt. Ich aber sah nur mein reizendes Kind, das eine Rosenblätterhaut hatte, fünf Fingerchen an jeder Hand und das mit dem Mündchen eine Schnute zog. Ich glaubte dem Arzt kein Wort.

In einem Ambulanzauto wurde ich mit meinem Baby in ein katholisches Krankenhaus gebracht. Vorher war Günter noch in das Zimmer gekommen, hatte sich auch voller Freude das Kind angesehen, und wir hatten den Namen bestimmt: Es sollte nach einer lieben Freundin Rutta heißen.

Die Ambulanz war ein Fahrzeug aus dem Bürgerkrieg, mit Gewehreinschüssen, mit Zeichnungen an den Wänden, Hammer und Sichel. ABAJO FFRANCO war zu lesen. Im Krankenhaus kam ich in einen Saal. Vor einigen Betten, auch vor meinem, standen Kinderbettchen. Am Abend wurde die große Tür geöffnet. Auf dem Flur war eine Art Altar mit brennenden Kerzen aufgebaut. Es wurde die Abendmesse abgehalten. Einige Frauen setzten sich auf und beteten. Danach wurde die Tür wieder geschlossen.

Die Nonne, die wohl für den Saal verantwortlich war, fragte mich, wie und wann ich das Kind taufen lassen wollte, damit es gleich als Engel in den Himmel käme. Ich war außer mir. Wie konnte ich, die ich eben erst einem Wesen das Leben gegeben hatte, mir den Begriff „Tod“ auch nur vorstellen? Und „Engel“? „Jo soy judía“, sagte ich und „Non, no“ hinterher und schüttelte den Kopf.

Als der Saal zur Nacht dunkel gemacht war, durch die kleinen Fenster kaum Helligkeit hereinkam, fing eine Frauenstimme zu singen an. Ein Lied der FRENTE POPULAR. Den Refrain sangen viele Stimmen mit. Ich stand auf, holte mein Kind zu mir ins Bett, drückte es ganz fest an mich.

Drei Tage blieb ich im Krankenhaus, Günter und Tomas besuchten mich. Die Hotelbesitzer waren so lieb gewesen, die beiden wieder aufzunehmen. Als ich mit Günter auf der Straße stand, das Baby im Arm, blies ein furchtbarer NORTE von der Sierra herunter. Ich fror entsetzlich. Geld für ein Auto hatten wir nicht. Wir fuhren mit der Straßenbahn. Mit Tränen in den Augen empfing uns die Wirtin. Unser Kindchen lebte noch zwei Tage.

ETWA dreizehn Jahre alt, konnte ich in der Geographiestunde als einzige die Namen der beiden großen Vulkane Ixtaccihuatl und Popocatépetl ohne Fehler aussprechen, auch Landschaftsnamen wie Yucatán und Baja California machten mir nicht die geringsten Schwierigkeiten. Als mich die Lehrerin fragte, warum ich mich so sehr für Mexiko interessierte, sagte ich: „Weil ich dorthin fahre." Die ganze Klasse lachte mich aus.

Bevor das Jahr 1941 zu Ende ging, landete die *Serpa Pinto* im Hafen von Veracruz. Die Passagiere, die von Bord gingen, waren Deutsche, politische Emigranten, aus ihrem Land vertrieben oder mit Müh und Not der nationalsozialistischen Barbarei entkommen. Ungefähr vierundzwanzig Genossen gingen über den Laufgang, setzten ihre Füße zum erstenmal auf den Boden eines fremden Kontinents. Am Hafenrund aber standen Freunde, Genossen; das fremde Land mit einer fremden Sprache wurde zur freundschaftlichen Nähe. Das Wiedersehen, das Sich-in-die-Arme-Nehmen, die schöne Gewißheit, auch hier in die Zusammengehörigkeit, die Solidarität der Genossen einbezogen zu sein.

Als stärkste Erinnerung bleiben mir die fliegenden Pelikane. Am Boden ein sich schwer fortbewegender Vogel, im Wasser ein eleganter Schwimmer, in der Luft aber ein Traum vom Schweben im Blauen. Mexiko hat in den fünfeinhalb Jahren, die wir dort lebten, für mich nie etwas von einem Traumdasein verloren. Diese Zeit wurde wirklich erlebt und durchlebt mit allen Hoffnungen, Enttäuschungen, Krankheiten und Schwierigkeiten, aber nie hörte das große Staunen auf. Über die so völlig anderen Bäume: Lorbeer, Bougainvillea, Pfefferbäume, Palmen. Die Orangenbäume trugen weiße, wunderbar duftende Blüten, während in den unteren dunkelgrünen Zweigen die bereits reifenden Früchte hingen. Kamelien, Gummibäume, Agaven, Maisfelder, Schlangenkakteen unter einem fast immer blauen Himmel. Und der Mond: er stand nicht am Himmel, er lag wie hingebettet in den dunkelblauen Weiten des Äthers, umgeben von Sternen, die ich vorher nie gesehen hatte.

Wir wohnten in Mexiko-Stadt in der Avenida Michoacan, dicht an der Hauptader, der riesig langen Insurgentes. Ging man aber unsere Straße zur anderen Seite hinunter, lag gleich an der Ecke der Parque México mit vielen Blumenrabatten und all den fremden Bäumen; auf seinen Parkbänken saßen wir oft. Da Mexico nicht sehr weit vom Äquator entfernt liegt, wirft von zwölf bis eins kein Mensch einen Schatten. Vom hellen Licht zum Abenddunkel dauert es höchstens dreißig Minuten. Um sieben Uhr ist es hell und wieder um sieben Uhr dunkel.

Der Parque war für unseren Sohn Tomas Stätte der Begegnung mit anderen Kindern. Er mußte nun Spanisch lernen und ging erst einmal in die erste Klasse der Volksschule. Was bringen Kinder anderen Kindern, die nicht ihre Sprache sprechen, als erstes bei? Unanständige Wörter und, da sie ja katholisch sind, tolle Flüche, in denen immer die Heilige Muttergottes eingeschlossen ist. Da weder Günter noch ich am Anfang spanisch sprachen, waren wir etwas geniert, als wir von Tomas' Klassenlehrerin eine Einladung erhielten, uns bei ihr sehen zu lassen, und ich ging mit meiner Freundin und Genossin Käte Bodek, die ein gutes Spanisch sprach, in die Schule. Tomas war damals acht Jahre alt, und die Lehrerin beklagte sich, daß er kaum ein ordentliches Wort, dafür aber empörend gotteslästerliche Flüche ausspräche. Was wir denn für Eltern wären? Käte klärte alles auf. Die Lehrerin war beruhigt.

Nach einem halben Jahr ging Tomas in das *Instituto Luis Vives*, eine von spanischen Lehreremigranten aus Madrid geführte Schule. Dort lernte er nicht nur ein sehr gutes Spanisch sprechen, sondern wurde auch in sozialistischem Geist erzogen. Nie vergesse ich seine Empörung, als er 1948 in die Hegel-Schule in Berlin-Köpenick kam und von den Lehrern, die alle alt waren, voller Verachtung sagte: „Die haben schon unter Kaiser Wilhelm ja gesagt und in der Weimarer Republik, natürlich zu Hitlers Zeit und nun auch bei euch."

Günter, Tomas und ich waren für unsere Nachbarn in der Avenida Michoacan 26 gewiß sonderbare Leute. Uns gegenüber im Parterre wohnte die Familie Mehl, Juden aus Polen, die aber schon lange in Mexiko lebten. Die Kinder waren bereits dort geboren. Die Mutter sprach eine kuriose Mischung aus Jiddisch und Spanisch. Beide Töchter bewegten sich im Stil der gut erzogenen jungen Mexikanerinnen. Sie lachten ihre Mutter, die das Kommando in der Familie führte und nicht selten brüllte, ob ihres lustigen Sprachwirrwarrs manchmal einfach aus. Mit ihren fünfzehn Jahren waren sie fertige Menschlein, die auf Bräutigamsschau gingen. Da wir uns nie bemühten, „reiche" Leute zu werden, zwar arbeiteten, es aber weder zu einem Auto noch zu sonstigen Anzeichen von Reichtum brachten, galten wir bei den Mehls als Außenseiter, ja als bestaunenswerte Wesen.

Nie schalt ich mit meiner so reizenden CRIADA Lupita, ich war eher mit ihr befreundet. Lupita kochte wunderbare Gerichte, nur die TORTILLAS wurden fertig herübergeholt, alles andere bereitete sie selbst auf unnachahmlich graziöse Weise zu. Ihre Salate, die FRÉJOLITAS, braune Bohnen – alles wurde in schönen irdenen Schüsseln zubereitet, die wir für CENTAVITOS gemeinsam auf dem Markt gekauft hatten. Sie lehrte mich, die für mich fremden Früchte nach dem notwendigen Reifegrad auszusuchen. Was für eine gute Frucht die PAPAYA ist oder die ZAPOTE NEGRO, angemacht mit Zitronensaft, im Aussehen und auch im Geschmack etwa dem Pflaumenmus ähnlich, erfuhr ich durch sie. Ja, und gar erst die Mangos, aprikosenfarbene Früchte mit köstlichem Saft und einem herrlichen Fruchtfleisch.

Von Lupita lernte ich auch, wie man gegen Ende des Jahres die Pute für den Silvesterbraten auf der ACOTEA hält und füttert. (Das Flachdach ist durch Drahtgitter in Gevierte aufgeteilt, und jedem Hausbewohner gehört eines, eben die ACOTEA.) Im Dezember kam ein Indiojunge auch in unsere Michoacan, blies auf einer Tonflöte und rief: „Pepila, pepila" – und eine Putenherde folgte ihm. Die Autos blieben stehen, die Hausfrauen und Köchinnen liefen auf die Straße und suchten sich ihre Pute aus, die dann bis Silvester auf das Dach kam.

Die reizende Lupita, zart und schlank, mit dunklen braunen Augen, einem Mittelscheitel, das schwarze Haar zu einem langen, bis in die Kniekehlen reichenden Zopf geflochten, trug mit Vorliebe zartgrüne oder rosa Hemdblusen zum langen, meist dunklen Rock. Sie hatte nicht, wie das sonst üblich war, auf dem Dach einen kleinen Verschlag, sie bewohnte das zu unserer Wohnung gehörige Zimmer auf dem Hof, mit einem Waschbecken und einer eigenen kleinen Toilette. Als sie uns

Das seltene Schauspiel der Entstehung eines Vulkans war Anfang des Jahres 1943 im mexikanischen Bundesstaat Michoacán zu erleben. Der Ausbruch begann am 20. Februar auf einem Maisfeld in der Nähe des Dorfes Paracutin. Vierzehn Tage später, als Kisch sich einfand, maß der Bergkegel bereits zweihundertzwanzig Meter Höhe; die Asche- und Rauchfahne erhob sich etwa tausend Meter hoch (Egon Erwin Kisch, „Bei der Geburt eines Vulkans", „Freies Deutschland", México, Mai-Heft 1943). – Unser Photo wurde im August 1943 von Paul Krautter und Kurt Bartholomäus aufgenommen.

P. Krauter

fragte, ob sie jemanden von ihrer Familie in diesem Zimmer wohnen lassen dürfte, schlugen wir es ihr nicht aus.

Wie staunten wir aber, als wir nach kaum vier Wochen den Boden dieses doch nur kleinen Zimmers, in das wir Bett und Schrank, Tisch und Stuhl gestellt hatten – die Möbel fanden sich alle unter einem luftigen Dach auf dem winzigen zweiten Hof, der dem Portier des Hauses gehörte –, statt dessen von Bastmatten bedeckt sahen, auf denen Lupitas Tante, ihr Onkel, ihr Bruder und der NOVIO, der Bräutigam, schliefen. Wie Lupita noch Platz fand, konnten wir uns kaum vorstellen. Alles blitzte vor Sauberkeit. Der Reisigbesen wurde oft geschwungen. Der größte Schatz aber schien das Waschbecken mit fließendem kaltem und warmem Wasser. Unentwegt wurden die meist weißen Hemden und Hosen der Männer und die Kleidung der Frauen gewaschen.

Leider fand nach zwei Jahren alles ein Ende. Der Portier, selbst ein Indio, aber abhängig vom Besitzer, der nicht im Haus wohnte, hatte die Vielzahl der Zimmerbewohner lange verheimlichen können, dann aber war wohl Streit auf dem kleinen zweiten Hof ausgebrochen. Jedenfalls gingen erst Tante und Onkel fort, und auch der NOVIO verließ Lupita.

Am Anfang des dritten Jahres bat uns Lupita, ihr doch für einen RATO, einen RATITO, für einen Augenblick, ein Augenblickchen, freizugeben, sie wolle in ihr PUEBLO, in ihr PUEBLOCITO, gehen, sie habe zusammen mit ihrer Tante dem Pfarrer eine Wallfahrt versprochen. Sie bliebe höchstens drei Wochen. Es vergingen die drei Wochen und noch drei und wieder drei, Lupita kam nicht.

Mexiko-Stadt liegt auf einer Höhe von etwa zweitausendvierhundert Metern. Die Hausarbeiten wie Fensterputzen, Parkettabziehen, Badewannescheuern etc. wurden auf die Dauer doch etwas zu schwer für mich. Außerdem konnte ich nicht arbeiten gehen, weil niemand da war, der für Tomas sorgte, also sahen wir uns nach einem neuen Mädchen um. Sie hieß Maria, kochte nicht so gut, sah auch nicht so reizend aus wie unsere Lupita, war aber freundlich und geschickt.

Als Maria etwa einen Monat bei uns arbeitete, erschien Lupita, völlig fassungslos darüber, daß wir ein neues Mädchen hatten. Ich versuchte, ihr zu erklären, daß wir nach zwei Monaten an ihr Wiederkommen nicht mehr geglaubt hätten; sie war sehr traurig. Als sie in ihr Dörfchen kam, lag gerade die Großmutter im Sterben, da mußte sie doch bis zur Beerdigung bleiben, danach heiratete ihr Bruder, da konnte sie auch nicht fort, dann kam die Prozession, die sie mit ihrer Tante auf Knien absolvierte, die völlig zerschundenen Knie mußten erst heilen. Dann war sie wieder zu Fuß vom PUEBLO bis in die Stadt gelaufen.

Wir waren mit ihr traurig, und ich versuchte, für eines der beiden Mädchen eine andere Stellung zu bekommen, fand auch sehr schnell eine bei Freunden. Wir baten die beiden, unter sich auszumachen, wer bei uns bleiben und wer gehen sollte. Maria wollte nicht fort, also mußte leider Lupita gehen.

Hier noch zwei Geschichten von Lupita. Sie wußte, daß wir aus Europa nach Mexiko gekommen waren.

„Mit dem Schiff?"

„Ja, mit dem Schiff."

„Wie lange sind Sie denn da gefahren?"

„Etwa drei Wochen."

„Nachts auch?"

Kriegserklärung Mexikos an Hitler. Lupita: „Krieg gegen Hitler, das ist gut, das ist der neue Präsident in den Vereinigten Staaten von Amerika!"

Wie könnte sich ein Indio einen anderen Krieg als den gegen die USA vorstellen! Los GRINGOS! Unübersetzbar. Ihnen, den GRINGOS, gehörte nun New Mexico und ein großer Teil von California: ihr Land, Indioland – unvergessen.

Indios sind es, die ich im Verlaufe meines Aufenthalts in Mexiko erlebt habe. Sie stellen das Volk dar, das vielleicht noch als einziges im Zusammensein mit den sogenannten Zivilisierten sein eigenes Leben lebt. Angetreten nach vollkommen anderen Gesetzen ihrer Natur, haben sie auch eine völlig andere Einstellung zu Zeit und Raum. Die Höhe, auf der es sich gut leben läßt, liegt fast durchweg zwischen tausend und zweitausend Metern und darüber. Warum sollten sie sich mehr anstrengen beim Laufen über schmale Pfade, als die Luft reicht? Mit kleinen, eiligen Schritten gehen sie, überwinden die Höhen und Tiefen ihres Landes. Marschtempo ist ihnen ganz und gar fremd.

Dazu eine kleine Geschichte, die ich ungefähr

1946 erlebt habe. Über die schmale Dorfstraße von Tepotzlan, die nicht asphaltiert ist, rollt ein riesiger CADILLAC. Der Chauffeur fährt seine hellfarbene Herrschaft, aber im Schritt, denn genau vor dem Wagen geht ein alter Indio unter seinem großen SOMBRERO, den Esel am Halfter. Der Chauffeur gibt mit seiner Hupe einen vollen, die Straße füllenden Ton. Das Eselchen springt ein bißchen mit dem Hinterteil hoch, der Indio macht ein paar schnellere Schrittchen, dreht sich zum Auto um, zieht seinen SOMBRERO bis zur Brusthöhe herab, verbeugt sich. Er zeigt an, daß er den Herrn verstanden hat. Stellt sich nun aber nicht zwischen die Bäume, die die Straße säumen, um Platz zu machen. Nein, hat den Hut wieder auf, geht ruhig und ungestört weiter. Hier ist sein Dorf. Hier ist er der Herr!

Eine andere, die auf CONQUISTA zurückführende Geschichte. Wir haben uns mit dem Auto von Freunden verfahren. Ein Indio geht auf dem Weg, wir halten an. Unser Freund zeigt mit der ausgestreckten Hand auf die Straße vor uns und fragt: „Se va por allí a Puebla?“ (Geht es hier nach Puebla?) Der Indio sieht auf die Hand und sagt: „Si, señor.“

Wir fahren und fahren, nichts, kein Hinweisschild, von Puebla keine Spur. Unser Freund fragt erneut einen Indio, ohne Handbewegung, und die Frage lautet jetzt: „Perdóneme, señor, si ya va a Puebla, se va pa allí o pa allá?“ (Entschuldigen Sie, mein Herr, wenn Sie nach Puebla wollen, gehen Sie dann hier oder dort lang?) In aller Ausführlichkeit schildert uns dieser Indio den Weg, den wir nun fahren sollen, richtig. Wir müssen ein großes Stück zurück, dann biegen wir zweimal ab und sind auf einer Hauptstraße nach Puebla.

Warum hat der erstgefragte Indio nicht richtig Bescheid gegeben? Weil unser Freund durch seine Handbewegung selber die Richtung angezeigt hatte. Nie wird ein Indio einem Weißen widersprechen, über Jahrhunderte ist er dafür bestraft worden. Außerdem: Der Herr hat ja selbst gedacht. Warum soll er, ein Indio, für den Fremden denken, wenn man ihn nicht darum bittet. Sein Stolz ist uneinnehmbar.

Wir fahren, wieder mit Freunden, im Auto zu einem Dorf, das wegen seiner schönen Barockkirche und seines großen Markts davor ein lohnendes Ziel ist.

Schon auf der Straße, noch etwa fünf Kilometer vom Ort entfernt, begegnen uns einige Indiofamilien. Die Männer tragen, mit einem über die Stirn geführten Riemen, auf dem Rücken ein Brett, auf dem hochgeschichtet Tontöpfe stehen. Die Frauen spinnen beim Gehen. Vom Spindelrocken, um den die rohe Wolle geschichtet ist, ziehen sie mit der rechten Hand den Faden und verstecken ihn im REBOZO, ihrem Umschlagtuch, während sie mit der linken Hand die Spindel drehen. Da viele Kinder zwischen ihnen laufen, sieht es – in dieser Landschaft aus Braun und Grün – wie eine archaische Familie aus. Wir, in unserem Auto, sind die Ungehörigen.

Wir kommen auf den Marktplatz. Mit Stricken zwischen einfachen Pfählen wird der Verkaufsraum angedeutet, viele Frauen aber sitzen auf dem

Boden, vor sich, schön aufgebaut, ihre Ware, Früchte, Gemüse oder Tongefäße. Die Männer bestreiten den Handel mit Pferden, Eseln und Hühnern. Es ist zu unserem Erstaunen mehr Tausch- als Geldhandel. Wird Geld gegeben, so nur Silbermünzen, Papiergeld wird nicht angenommen. Und das Silber prüfen sie mit ihren bewundernswert weißen, kräftigen Zähnen.

Als wir bei zwei Frauen Obst kaufen und die Männer, die weitergegangen sind, über zwei Stände hinweg anrufen, merken wir, daß wir am lautesten sind. Zwar ist der Markt voller Menschen, aber nur wir, die einzigen Weißen, machen Lärm. Die Indios untereinander unterhalten sich ganz leise.

Über dem Markt, auf einem kleinen kreisförmigen Plateau – eine Anhöhe ist zu ersteigen, auch eine weiße Treppe – liegt die Kirche. Aus dem Kalkstein herausgeklopfte üppige Früchtegirlanden, auch Menschenfiguren in wallenden Kleidern umgeben die Fassade. Wir treten ein, angenehme Kühle empfängt uns. Von der Sonne noch geblendet, können wir zuerst nichts sehen. Dafür hören wir Kinderlachen, und wirklich, durch die Chorstühle und Bänke spielen Kinder Versteck. Sie rufen sich zu, ducken sich und lachen, wenn sie gefunden werden. Ihre Mütter und Großmütter sitzen nahe der großen Tür, die offen bleibt, und sticken auf Blusen schöne Muster.

Wir gehen nach vorn zum Altar. In der ersten Reihe kniet ein weißhaariger Indio und betet so inbrünstig, daß wir uns nicht an ihm vorbei wagen. Der Altar ist, wie immer in diesen Kirchen, überladen mit Kerzen und Heiligenbildern. Mutter Maria mit einer Blumenkrone, ihr Jesulein in den Armen, zeigt ein sehr mildes Lächeln. Die Heiligen aber, die um den Altar stehen, sehen eher hochmütig und streng aus. Wir gehen das Kirchenschiff an einer Seite zurück, wo noch kleinere Altäre aufgestellt sind. Uns wundern die vielen Opfergaben – in Wachs oder auch Holz gestaltete Wünsche –, die die Frauen bei ihren Heiligen abgegeben haben, damit die nicht vergessen, um was sie gebeten wurden. Überall brennen Kerzen. Ihr Licht aber ist nur schwach gegen das Tageslicht, das durch die große offene Tür einströmt.

Als wir die Kirche verlassen, geht auch der alte Indio hinaus und setzt seinen SOMBRERO auf. Wir sind hinter ihm. Was aber tut er? Er geht bis an den Rand des Plateaus, wo, ein wunderbarer Blick, über den Markt weg die Landschaft zu sehen ist und darüber der Himmel, nimmt den SOMBRERO wieder ab und verneigt sich tief vor der Sonne. Als der alte Mann sich aufrichtet, geht Egon Erwin Kisch, der mit uns ist, zu ihm und fragt: „Sie haben eben in der Kirche zur Mutter Maria gebetet, und nun verneigen Sie sich vor der Sonne, warum?" Der Indio sagt: „Quién sabe." Wer weiß.

Wir hatten, anders als in Frankreich, keine Schwierigkeiten, eine Arbeitserlaubnis zu erhalten. Die mexikanische Regierung zur Zeit der Präsidenten Cárdenas und Avila Camacho war geradezu besorgt um ihre Emigranten sowohl aus Spanien wie aus Deutschland; und wir merkten bald, daß LOS ALEMANES wegen ihrer pünktlichen und exakten

Arbeitsweise außerordentlich beliebt waren. Wenn ein Deutscher sagte: Es ist morgen fertig!, so war darauf Verlaß, sagte aber ein Mexikaner: MAÑANA, ESTA MAÑANA!, so konnte man bestimmt damit rechnen, daß es wenigstens zwei bis drei Tage dauern würde. Allerdings, schon in Paris hatten wir mit einem guten Freund darüber gesprochen, daß solche positiven Eigenschaften die Deutschen dennoch nicht abgehalten hatten, den Hitlerfaschismus zu wählen und ihre Brutalitäten an fremden Nationen und an ihren eigenen marxistischen oder jüdischen „Volksgenossen" auszutoben. Der schreckliche Spruch „Am deutschen Wesen soll die Welt genesen!" hat mir immer Angst gemacht.

Die deutsche Emigration in Mexiko war keineswegs einheitlich. Da gab es Emigranten, die sich gar nicht mehr an Deutschland erinnern konnten, denn ihre Eltern waren schon nach 1870 eingewandert. Da gab es auch eine größere Gruppe, die nach der Niederschlagung der Münchener Räterepublik immigriert war. Doch davon erzählt Kisch in seinen *Entdeckungen in Mexiko* besser, als ich es kann.

Besonders bedrückte es mich, von aller privaten Nachricht aus Europa abgeschnitten zu sein. Ich war besorgt über die Zukunft unseres Sohnes. Auch wenn ich ein gutes Ende des Krieges wünschte und erhoffte und überzeugt war, daß wir zurück nach Deutschland fahren würden – eine ständige Spannung blieb. Mit dem Abhören des Radios, bald spanisch, bald englisch, verfolgten wir auf einer großen Karte von Europa die Wege der Roten Armee und der westlichen Alliierten. Oft, wenn man vom Bombenhagel über England berichtete, glaubte ich, dieses kleine Europa wäre für mich nicht mehr auffindbar.

Von dem Geld, das Günter bei Leporowskys verdiente, konnten wir leben. Leporowskys stellten in Gold und Silber gefaßte Medaillons von Heiligen her, die wertvoll, jedenfalls teuer waren, und vertrauten sie Günter an, der den Verkauf übernahm. Zu Reisen reichte es nicht. Das Land aber, groß und schön, reizte uns. Natürlich nahmen uns auch reiche Emigranten im Auto mit. Wir gaben für Fremde sicher gute Unterhalter ab. So haben wir Taxco, Toluca, Puebla, Cuernavaca und Actopan kennengelernt.

Damit wir auf eigene Faust für ein paar Tage fortreisen konnten oder um etwas an Kleidung, besonders für Tomas, kaufen zu können, mußte ich mitarbeiten. Was aber konnte ich? Gelernt hatte ich nichts, außer Theater spielen. Frauen sind ja aber anpassungsfähig, bewandert in Hauswirtschaft und Kinderpflege. Das wurde mein Metier.

Nie habe ich es länger als drei Monate auf einer Arbeitsstelle ausgehalten, auch wenn die Menschen noch so reizend waren und fürstlich zahlten. Ich arbeitete bei reichen deutsch-jüdischen Emigranten, reichen Ungarn und einmal bei einer amerikanischen Familie. Bei zwei Anstellungen wurde ich sogar morgens vom Chauffeur mit dem Auto abgeholt – aber ich konnte nicht. Der Hauptgrund war, daß ich ja selber eine Familie hatte, in der ich mich wohl fühlte und in der ich gebraucht wurde. Ich durfte nicht lange Zeit von ihr fortbleiben.

Manche Emigrantin wäre froh gewesen, in eine fremde Familie integriert zu sein. Gerade reiche Menschen jedoch haben einen starken Willen, von dem anderen, der sie bedient, Besitz zu ergreifen, ihn als Fußabtreter ihrer Nöte zu benutzen – und das wollte ich auf keinen Fall sein.

Unser lieber Freund und Genosse, der Arzt Rudolf Neumann, brachte einigen von uns bei, wie man Spritzen gibt, ein Krankenbett zurechtmacht, Instrumente sterilisiert, wie man Kranke wäscht. Ich habe einem Weinflaschenkorken mit Todesverachtung meine erste Spritze verabreicht. Nie habe ich dann als Krankenhelferin anderes als Insulin gespritzt. Meine Patienten waren hauptsächlich Kinder vom Babyalter bis zu elf Jahren. Immer bin ich mit den Kindern, auch mit den Eltern, gut ausgekommen. Ganz besonders freundlich aber war ich zu den anderen Angestellten des Hauses, fast ausschließlich Indios.

Ein einziges Mal bin ich regelrecht hinausgeworfen worden. Bei reichen, alten Leuten lebten in einer riesigen Villa auch die Enkelkinder mit, ein Junge von zehn Jahren und ein Mädchen von fünf. Die Eltern waren für eine kurze Zeit in die USA gefahren, und ich sollte derweil die Kinder beaufsichtigen. Ich schlief auch in diesem großen Haus. Und wie das so ist, der Junge benahm sich abscheulich gegen seine kleine Schwester, oft mußte ich die Kleine vor dem kräftigen Buben retten. Einmal wurde es mir zu bunt, wütend sagte ich zu dem Zehnjährigen: „Weißt du, wie du dich benimmst? Genau wie Hitler – der geht auch auf die Schwächsten los." Dabei riß ich ihm den Stock, mit dem er seine Schwester hatte schlagen wollen, aus der Hand.

Er lief zu seinem Großvater, der gerade den Gartenweg entlangkam. Der alte Mann, bleich vor Wut über mich, schrie mich an, dieser Name dürfte in seinem Hause nie genannt werden. Ich sollte auf der Stelle gehen. Bis heute schäme ich mich dieser Gedankenlosigkeit.

Auch den Versuch, eine Leihbücherei zu betreiben, gaben wir nach einem halben Jahr auf. Immer vergaß ich, die Bücher, die entliehen wurden, genau aufzuschreiben, weil mir die Menschen gefielen. Ich fand es schrecklich, für Bücherausleihen Geld zu nehmen. Bei einer Tasse Tee unterhielten Günter und ich uns mit unseren Besuchern und tauschten Meinungen über das Gelesene aus.

Ein besonders interessierter Besucher war Dr. Trier, wenn ich nicht irre, Rechtsanwalt von Beruf, Berliner, damals schon über fünfzig Jahre, was uns, die wir 1942 gerade vierunddreißig und achtunddreißig Jahre zählten, ein hohes Alter schien. Er konnte sich in dieses ungewohnte „Sommerleben", die ewigen Ferien, nicht fügen. Er hatte hinter der Brille sanfte braune Augen und einen fast kahlen Schädel und trug die damals in seinem Beruf und in Berlin sicher unerläßlichen schwarzen Anzüge mit Weste. Oft hatte er einen Wollschal um, den er fein säuberlich am Garderobenständer ablegte und nie vergaß. Er gehörte auch zu den treuesten Besuchern des Heine-Klubs und aller Theateraufführungen. Seine Kritik an Büchern oder an den Abenden des Klubs und des Theaters war für Günter wie für mich sehr interessant. Er urteilte nie leichtfertig, legte keine falschen Maßstäbe an und sagte auch nie, wie so viele Emigranten: Nu ja, bei uns zu Hause. Auf eine besondere Weise erinnerte er mich an Walter Benjamin: voller Weisheit, aber ohne jede Möglichkeit der Resonanz, nach der er sich sehnte.

Eine ganz andere Besucherin war unsere Genossin Marianne Eildermann. Sicher, ich weiß nicht, ob sie von den Gelees, die sie einkochte, zu leben vermochte, auf jeden Fall war es ihr grenzenlos langweilig. Sie litt auch an einer schmerzhaften Krankheit, konnte also keine feste Arbeit annehmen. So saß sie oft schon als Mittagsgast bei uns und blieb, bis wir entschlossen erklärten, wir gingen jetzt ins Bett. Wenigstens bei uns fand sie ein bißchen ein „Zuhause".

Besucher kamen oft zu uns. Immer, auch in den schlechtesten Zeiten in Paris, haben wir Gäste gehabt. Nie wurde gesagt: Es tut uns leid, wir haben auch nichts.

In der Zeit der Emigration war unser Geld immer knapp. War ich in Paris mit dem Kinderwagen zu Fuß durch die ganze Stadt gezogen, alle SQUARES, Gärten und Sehenswürdigkeiten entdeckend, so nahm ich, da Tomas ja nun schon größer war, in Mexiko-Stadt den Autobus oder die Straßenbahn. Wir bevorzugten die Straßenbahn, die nach La Venta fuhr. Dort war es während der TEMPORADA, der Regenzeit, herrlich grün. Eine Wiese, dazu Pfefferbäume, einige Zedern.

Immerhin war man da schon auf zweitausendsechshundert Metern. Dann ging das Steigen los.

Dort lagen die Wasserleitungen, die DINAMOS, große, breite Blechrohre, die vom Gipfel des Ajusco, er ist viertausend Meter hoch, auf dem sich eine Quelle befand, das Wasser auf die Hochebene von Mexiko-Stadt herunterbrachten. Wie weit jeder da hinauflaufen konnte, denn zu klettern brauchte man nicht, darüber entschied die Kraft unserer Gesundheit. Günter und Tomas schafften es auf dreitausendfünfhundert Meter und mehr, ich hatte bei dreitausend völlig genug. Alle zweihundert Meter gab es einen Halt, für die Arbeiten an den Rohren markiert. Der Blick von den DINAMOS hinunter auf die Stadt Mexiko und hinauf zum Popocatépetl ist, von welcher Höhe auch immer, überwältigend schön.

Wir zogen da gemeinsam hinauf mit Rudi Feistmann und mit Gertrude Düby, der großen Bergsteigerin und Reiterin aus der Schweiz. Sie trug uralte Breeches und Haverlschuhe und eine blütenweiße Bluse, dazu ein buntes Tuch, schön gefaltet um den Kopf gebunden. Sie und Hannes Meyer, Architekt am Bauhaus in Dessau, ebenfalls Schweizer, waren die Bergführer.

Da es in Mexiko fast immer warm ist, trug ich nur leichte Kleider und gegen Abend eine Strickjacke oder einen Schal darüber. Immer habe ich dichtes Haar gehabt, das mich gut vor der Sonne schützte, in Mexiko reichte das aber nicht, so setzte ich oft einen schön geflochtenen Strohhut auf, der wunderbar leicht war.

Wir hatten noch aus Frankreich eine MUSETTE, den Beutel, auf den selbst ein CLOCHARD nicht verzichtet, eine weiche Klapptasche aus Leinen mit ebensolchen Schulterträgern. Nun enthielt sie nicht mehr eine BAGUETTE und eine Flasche VIN ROUGE, sondern Obst und anders geformtes Weißbrot. An der Endstation stand eine Verkaufsbude für TORTILLA und ENCHILADA. Wenn uns auch unsere braven Arzt-Genossen händeringend vom Genuß solcher am Stand gekaufter Dinge abrieten, Günter, Tomas und ich haben immer GELATINA, wundervoll bunt gefärbte Gelatinetörtchen, ja sogar CHORIZO, auf offenem Feuer geröstete Schweineschwarte, oder frisch gekochten Mais, mit Salz und Chili bestreut, voller Appetit gegessen. Ebenso fuhren wir, trotz Abratens der Gruppe, mit dem Autobus Aztapocalco, dem grün-gelb gestreiften, weite Strecken über Land. Ihn benutzten nur Indios, aber wir sind nie angerempelt oder belästigt worden. Ein einziges Mal mußte ich einem Indio mit aller Zuvorkommenheit auf spanisch sagen: „Bitte, nehmen Sie doch Ihre Hand aus meiner Handtasche!“ Er tat es, ohne etwas mitgehen zu lassen, zog den SOMBRERO und sprang ab.

Mit Ruth und Peter, den Kindern von Anna und Roddy, deren österreichischer Freundin Rosi (Katharina) Foscht, mit Klaus und Ulli Bodek (Ulli war Tomas' Freund) zogen wir durch den vornehmen Stadtteil Las Lomas zum Pedregal, einer Art Mondlandschaft mit riesigen Steinen aus erkalteter Lavamasse. Dort wuchsen hohe Orgel- und Opuntienkakteen. Kleinere Steine von oft bizarren Formen, Obsidian genannt, sammelten wir. Über uns flogen ZOPILOTES, eine Geierart, die Müllabfuhr der armen Leute. Ganz selten stießen wir auf eine

Schlange, aber feste Schuhe mußten alle anhaben, das wurde sehr ernst genommen.

Wurde es uns zu heiß, denn wir waren auf dieser Ebene die höchsten Punkte, so nahmen wir ein Messer und schnitten, einen Handschuh angezogen, die reifen Früchte der Opuntien, die mit dikken Stacheln besetzten TUNAS, ab, öffneten die Frucht und schlürften den Inhalt, dem einer riesigen reifen Stachelbeere ähnlich und schön kalt, in unsere gierigen Münder.

Inzwischen ist der Pedregal noch vornehmer, als Las Lomas schon damals war. Hochelegante Villen in großen Gärten, von hohen Mauern mit imponierenden Toren umgeben, zeigen an, wieviel Geld ihre Besitzer haben. Sie ließen Erde aus fruchtbaren Gegenden, viele hundert Kilometer entfernt, hinaufbringen und Bewässerungsanlagen bauen. Keine Kakteen, keine ZOPILOTES mehr. Im besten Fall noch Skorpione, aber die gibt es ja überall.

Theater ohne Bühne

Für den Schauspieler beginnt das Theaterleben vor der Rampe und hinter den Kulissen oder besser: auf der Szene und hinter der Szene. Wenn sich die gepolsterte Tür schließt, die die Bühne von dem Garderobengang trennt, ist er in seinem Reich. Trotz aller modernen technischen Mittel bleibt es eine, „seine" Zauberwelt.

Wir emigrierten Schauspieler in Mexiko mußten uns mit der Tatsache abfinden: eine Bühne für uns gibt es nicht, wir müssen sie selber zaubern. So haben wir, dank des Heinrich-Heine-Klubs, der uns nicht nur im technischen, sondern auch im literarischen Sinne seine Kräfte lieh, die erste Theateraufführung gewagt. Sie fand im ach so beliebten Schiefersaal statt.

Wir hatten einen wahrhaft guten Start mit der Wahl unseres Stückes, zwar nur ein Einakter, doch mit einer Fülle des Geschehens, wie manch ein dreiaktiges Theaterstück sie nicht enthält: die *Galgentoni* von Egon Erwin Kisch. Albrecht Viktor Blum führte Regie. Er mußte das Kunststück fertigbringen, auf einem Podium von vier Meter Breite und dreieinhalb Meter Tiefe sechs Personen gleichzeitig auftreten zu lassen, und dazu noch für den lieben Gott und für den höllischen Anwalt Platz finden.

Noch heute habe ich Angstträume, wenn ich mich als Galgentoni auf dem einen Quadratmeter, der mir zum Spielen übrigblieb, betrunken herumschwanken sehe. Keine noch so kleine Abdeckung stellte eine Kulisse dar, sonst Schutz und Freund von Schauspieler und Regisseur. („Gehen Sie mal an die rechte Kulisse, da bleiben Sie angelehnt stehen, bis …") Und nun zum Abschluß des Stückes gar ein Freudentanz mit meinem „blonden Willi", dargestellt von Kisch selbst. Wir hopsten unsere Polka beinahe in den Zuschauerraum hinein.

Und trotzdem, es ging! Und es wurde der Anfang für eine Reihe von Theateraufführungen, die sich später auch in theaterähnlichen Sälen abspielten.

Mein Wunsch ist es, daß wir, nach Deutschland oder Österreich zurückgekehrt, eine so kunst- und theaterfreudige Gemeinschaft wiederfinden, die uns – wie in Mexiko der Heinrich-Heine-Klub – mit Freude und Begeisterung hilft, eine Bühne, auch ohne Kulissen, hervorzuzaubern, eine Bühne, auf der wir am Aufbau einer neuen Gegenwart und einer besseren Zukunft mithelfen können.

Aus: Heines Geist in Mexiko, 1946

Denke ich heute an die vielen Theateraufführungen, die wir in Mexiko auf die Bühne, so des Saales der Gewerkschaft *Los Electricistas*, gebracht haben, so staune ich über die Kraft und den Tatendrang der kleinen Schauspielergruppe, die wir waren: Albrecht Viktor Blum, Luise und Charles Rooner, Brigitte Chatel, Günter Ruschin, Steffie Spira, in Worten: sechs. Hinzu kamen zwei Sängerinnen: Rosi Volk vom Wiener Operettenhaus und die in Mexiko-Stadt ausgebildete Bruni Falcon. Die Regiearbeit teilten sich Albrecht Viktor Blum, Charles Rooner und ich.

Um den Kollegen die gebührende Ehre zu geben, denn wir haben so gut wie nichts dabei verdient, seien sie etwas genauer vorgestellt. Die Damen: Brigitte Chatel, Schauspielerin, ausgebildet bei Jouvet in Paris; Luise Rooner, Österreicherin, ausgebildet im Reinhardt-Studio Wien; ich. Die Herren: Albrecht Viktor Blum, Schauspieler am Deutschen Theater in Berlin, später Kameramann für Meshrabpomfilm in Berlin, in Mexiko tätig als Fotograf; Charles Rooner, Schauspieler und Regisseur aus Wien, gleich nach der Ausbildung am

„Wozzek" von Georg Büchner am 29. Juli 1944 im Teatro de los Electricistas, Mexiko-Stadt, veranstaltet vom Heinrich-Heine-Klub.
Steffie Spira als Marie, Lydia Petrowa als Alte Frau inmitten der Kinder (von links): Rolf Stavenhagen, Miroslava Stern, Unbekannt, Tomas Ruschin, Uli Bodek, Julio Hollender.
Der Regisseur Charles Rooner am 15. Juli, interviewt von Bruno Frei: „Die wundervolle Frauenrolle der Marie spielt unsere außerordentliche Steffanie Spira. In einer richtigen Tragödinnenrolle haben wir sie ja hier noch nicht gesehen; ich glaube, daß ihre Leistung sehr stark ist."
(Photo: Albrecht Viktor Blum, Mexiko-Stadt)

Reinhardt-Studio emigriert, spielte in Mexiko in vielen Filmen und ging nach 1947 mit seiner Frau in die USA; Günter Ruschin, Schauspielstudium an der Schule der GDBA in Berlin, Schauspieler an der Berliner Volksbühne, Mitglied der *Truppe 1931*.

Unsere Unternehmungen waren: 1943 im *Schiefersaal* die *Himmelfahrt der Galgentoni* und, halb gespielt und halb gelesen, Bechers *Hundert Kilometer vor Moskau*, allerdings nur für zwei oder vier Aufführungen. Dann 1943, 1944 und 1945 im *Teatro de los Electricistas* Brechts *Dreigroschenoper*, Büchners *Woyzeck*, die Uraufführung von Ferdinand Bruckners *Denn seine Zeit ist kurz* und drei Einakter von Courteline. 1946 im *Teatro de los Telefonistas Volpone*, *Ein Sommernachtstraum* und Ibsens *Gespenster* mit Ernst Deutsch als Gast und schließlich im März

Übersetzt lautet der Theaterzettel: Der Heinrich-Heine-Klub beehrt sich einzuladen zu einer Aufführung von „Denn seine Zeit ist kurz ...", Drama des Befreiungskampfes des norwegischen Volkes in 11 Bildern von Ferdinand Bruckner. Regie: Steffanie Spira. Uraufführung: Sonnabend, den 30. September 1944, 21 Uhr, im Teatro de los Electricistas, Calle Artes 45. Die Aufführung erfolgt in deutscher Sprache. Eintritt: 10.--, 7.50, 5.-- und 2.50 Peso.
Alexander Abuschs Kritik in der Zeitschrift „Freies Deutschland" endete: „Die Regisseurin Steffanie Spira, die im letzten Augenblick in der Rolle der Tora Vossevangen für die erkrankte Bruni Falcon einsprang, konnte für ihre große Regieleistung und ihr ausgezeichnetes Spiel – gemeinsam mit allen Schauspielern – den Beifall des Publikums entgegennehmen."

EL CLUB ENRIQUE HEINE

tiene el honor de invitarle

a la representación de

Denn seine Zeit ist kurz....

(PORQUE LE QUEDAN POCOS DIAS)

Drama de la lucha de liberación del pueblo noruego

en 11 cuadros

por FERDINAND BRUCKNER

bajo la dirección de STEFFANIE SPIRA

Primera Representación

EL SABADO 30 DE SEPTIEMBRE DE 1944

a las 21 horas

EN EL TEATRO DE LOS ELECTRICISTAS

CALLE ARTES 45

La representación es en idioma alemán

Entrada 10.00, 7.50, 5.00 y 2.50

1947 noch eine Uraufführung: Bodo Uhses Stück *Preis des Lebens.*

Hätten uns nicht Laien geholfen, wo wären wir mit unserer Spielwut geblieben? Die hübsche, gut singende, in ihrer Ausstrahlung bezaubernde Lisa Tabajovitz, die in der *Dreigroschenoper* die Polly spielte, oder Rosi Volk, die die Rolle der Lucy übernahm. Die „Damen" waren brave Genossinnen, mit Begeisterung bei der Sache wie Else Firl, und auch die Herren, wie Josef Wolyn, Dr. Schwarz, Dr. Roth, die Genossen Albert Gromulat, Paul Krautter, Paul Hartmann und Hein Hollender, hatten ein durchaus seriöses Privatleben.

Sie alle kamen nach ihrer Arbeit zu uns in die Michoacan 26, um in unserem großen Raum, der Bibliothek, zu probieren. Günter spielte den Makkie Messer, Rooner den Herrn Peachum, Brigitte Chatel die Jenny und ich die Frau Peachum. Dazu führte ich noch Regie. Dr. Ernst Römer, Dirigent, zuletzt Direktor der Komischen Oper in Berlin, hatte die musikalische Leitung – Schlagzeug, Saxophon, Klavier – und studierte den musikalischen Part ein, was ja, vom *Kanonen-Song* bis zum Schlußchor *Verfolgt das Unrecht nicht zu sehr,* keine Kleinigkeit ist. Die Musikproben hielten wir im Haus von Dr. Römer ab, die Soli und Duette in Einzelproben aufgeteilt. Das Bühnenbild schuf Xavier Guerrero, schon damals ein berühmter Maler.

Für die Vorbereitung haben wir über zwei Monate gebraucht. Eine so große Zahl Beteiligter bei der Sache zu halten war im nachhinein sicher das

Erstaunlichste, winkten doch keinerlei materielle Vorteile, nur zusätzliche Arbeit. Es gab bei den Proben keine Schlamperei. Niemand kam zu spät oder ging früher. Keiner fehlte. Nach der Probe saßen wir bei einem kühlen Getränk, meistens JAMAICA, beisammen, übten Kritik an der Probe und besprachen alle möglichen Fragen.

Heute denke ich, daß das Bedürfnis, etwas gegen den Hitler-Faschismus zu tun, unser tiefster Beweggrund war. Natürlich ist es auch für Laien immer ein Spaß und eine Freude, sich zu verkleiden, einen anderen Menschen darzustellen, einen schönen Text zu sprechen.

Die größten Hemmnisse für einen Laien sind das Lernen des Textes und die Scheu, das Gelernte öffentlich vorzuzeigen. Die Verwandlung gelingt erstaunlicherweise am schnellsten, weil sie sich, ist der Mensch nicht völlig ohne Phantasie, so gut wie von selbst ergibt. Wenn man als Regisseur mit Laien arbeitet, muß man so tun, als seien es Schauspieler, also etwas nicht Vorhandenes voraussetzen. Spieltrieb ist eine natürliche Veranlagung des Menschen. Debattiert man nicht erst über alles so schrecklich wissenschaftlich, dann schafft es jeder. Das Vormachen hat nur da seinen Nutzen, wo ein Spieler Hemmungen zeigt. Kein Regisseur darf aus Darstellern Papageien machen. Ungeduldige Regisseure können oft nicht warten, bis der Darsteller seine Figur selbst gefunden hat. Natürlich gibt es auch Regisseure, die allein durch ihre Persönlichkeit und ihren Ruf allen Mitspielern so viel Angst einjagen, daß von der Spiellust nichts übrigbleibt. Bis das künstlich gewachsene Eis aufgetaut ist, ver-

Steffi Spira   Albrecht Viktor Blum   Luise Rooner
Guenther Ruschin   Paula Bach   Charles Rooner
Bruni Falcon

laden Sie ein zur

WIEDERHOLUNG
VON
VOLPONE

Komoedie mit Musik in 4 Akten
nach Ben Jonson
bearbeitet von Charles und Luise Rooner

Am Sonntag den 24. Februar 1946 um 8 Uhr 30
im "Teatro de los Telefonistas"
Calle Villalongin 50
(Ecke Paseo de la Reforma)

Der Theaterabend findet unter freundlicher Mitwirkung der Damen Lonka Becker, Lucy Sonnenberger und Eva Wiener, sowie der Herren Dr Friedl Becker, Albert Gromulat, Paul Hermann, Dr. Robert Schwarz, José Wolyn und Felix Zeller statt.

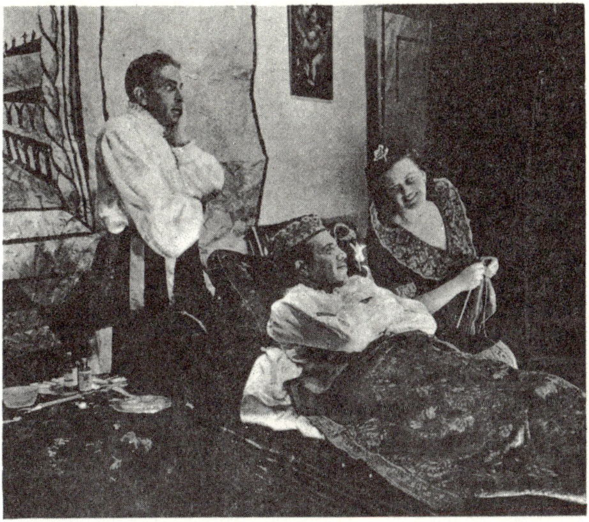

„Volpone" von Ben Jonson kam – von Charles und Luise Rooner als Mischung zwischen Schwank und Singspiel bearbeitet – am 7. und 24. Februar 1946 auf die Bühne des Klubhauses der Telefonarbeiter-Gewerkschaft. Im Bild: Steffie Spira (Dona Urraca, zum vierten Male Witwe), Charles Rooner (Volpone), Günter Ruschin (Mosca). Die Zeitschrift „Neues Deutschland", México, schrieb: „Steffanie Spira, Luise Rooner, Charles Rooner, Günter Ruschin und Albrecht Viktor Blum spielten in den Hauptrollen so gut, wie man es selten in diesen vier Jahren ihrer Bemühung um ein gutes Theater in Mexiko gesehen hat." (Photo: Albrecht Viktor Blum, Mexiko-Stadt)

geht dann wirklich zuviel Zeit, da muß der Regisseur vormachen, wie jeder einzelne Satz gesprochen werden soll. Den Laien wie den Schauspieler entwürdigt aber letzten Endes diese Art Zusammenarbeit. Schauspielkunst ist wie jede Kunst kreativ. Brechts Verfremdungseffekt ist nichts anderes als der von großen Regisseuren immer wieder neu erfundene Auftrag an den Schauspieler, sich seiner Wirkung bewußt zu werden.

Spielen Sie den Originaleindruck (Hilpert)! Leben Sie die Situation des Menschen, den Sie spielen! Erfinden Sie nichts! Bleiben Sie bei den Tatsachen! Halten Sie sich an Ihren Text! Denken Sie beim Sprechen! Das sind Mahnungen des guten Regisseurs.

Ewig bleibt Hamlets Rede an die Schauspieler als goldene Regel bestehen.

Das beste Theatererlebnis für uns Schauspieler war sicher der Abend mit unserem Kollegen Ernst Deutsch. Er kam zustande, weil Ernst Deutsch eine Südamerika-Tournee mit einem Vortragsabend und – da wo es möglich war – einer Aufführung von Ibsens *Gespenster* veranstaltete. Vor der Heimreise, die über Mexiko führte, da er in Kalifornien, in Santa Monica, zu Hause war, fragte er bei uns an, ob auch wir sein Gastspiel übernehmen könnten. Wir waren glücklich.

In der jüdischen Organisation *Menorah* und dem *Komitee für Mexikanisch-Deutschen Kulturaustausch* fanden wir die Veranstalter. Während Deutsch noch unterwegs war, studierten und probten wir das Stück. Hier der Theaterzettel:

Am 28. und 30. August 1946 spielte die kleine Truppe der deutschsprachigen Schauspieler in Mexiko, veranstaltet vom Komitee für Mexikanisch-Deutschen Kulturaustausch, im Teatro de los Telefonistas mit Ernst Deutsch als Gast Ibsens „Gespenster". Von links: Steffie Spira (Frau Alving), Ernst Deutsch (Osvald), Albrecht Viktor Blum (Manders), Günter Ruschin (Engstrand), Brigitte Chatel (Regine) und der Regisseur Charles Rooner. In ihrem Artikel „Das Ernst-Deutsch-Gastspiel" schrieb Anna Seghers: „Bei Steffie Spira wünschte man sich an diesem Abend noch mehr als sonst – wie man es allen wünscht –, sie hätte für ihr Talent bald ein anderes größeres Publikum, als wir es sind."

Helene Alving	Steffie Spira
Osvald, ihr Sohn	Ernst Deutsch
Manders, Pastor	Albrecht Viktor Blum
Engstrand, Tischler	Günter Ruschin
Regine Engstrand, im Hause der Frau Alving	Brigitte Chatel

Regie: Charles Rooner; Bühnenbild: Kurt Berci.

Als Ernst Deutsch kam, hatten wir noch zwei Wochen Zeit, um mit ihm zu probieren. Was für eine gute, fruchtbare Arbeit wurde das für uns alle. Sicher, ich war die jüngste Frau Alving, mit der Ernst Deutsch je zusammen gespielt hatte, aber nach den Regeln der Schauspielkunst muß ein Schauspieler zehn Jahre jüngere und zehn Jahre ältere Rollen spielen können.

Wichtig war die Freude, nun nur unter uns, unter Kollegen zu sein, miteinander für jeden das Beste zu erreichen Keine Anstrengung, sondern Spaß, Genauigkeit, ablesbare Charaktere ohne „Spielastik". Einheitlichkeit in der Darstellung. Nicht der Prominente und um ihn herum die kleinen Hühnchen, die Stichworte geben, sondern die Geschlossenheit aller für das Gelingen des Ganzen. Natürlich bietet ein Stück wie *Gespenster* mit diesem engen Personenkreis sich auch dafür an.

Theaterspielen ist von vornherein ein kollektives Unternehmen. Bloß dumme Schauspieler glauben, daß nur sie die Aufführung tragen. Die Aufgabe, dem Zuschauer zu einem geistigen und emotionellen Genuß zu verhelfen, gelingt allein bei gleichwertigen Leistungen, auch der kleinsten Rolle.

Unvergessen für mich und alle, die daran teilgenommen haben, der Vortragsabend von Ernst Deutsch. Er las vor allem aus Karl Kraus' *Die letzten Tage der Menschheit.* Wenn es auch ein Buch über den Ersten Weltkrieg ist, was für fürchterliche, erschütternde Parallelen ergaben sich zum Zweiten. Deutsch las mit einem Organ, das nie strapaziert wurde, klar, ohne jede Anstrengung; ein Mensch sprach, der wußte, was er sagte, der beim Aussprechen frisch und neu die Wörter bildete. Es gibt eben auch eine Sprechkultur, was wir schon beinahe verlernt haben, weil uns das Fernsehen nur noch Menschen vorführt, die lausig mit ihrer Sprache umgehen, sowohl beim Was wie beim Wie. Wie leise es in einem Zuschauerraum werden kann, wenn alles wirklich atemlos zuhört: So ein Idealfall war dieser Abend. Beim Spiel von *Gespenster* ging es dann ähnlich zu. Sicher empfanden die Menschen, daß ihnen etwas lang Entbehrtes wiedergegeben wurde.

Ein paar Tage danach, am 3. September 1946, schrieb Anna Seghers in der *Demokratischen Post* über Ernst Deutsch: „Die deutsche Sprache ... war wieder laut und dringlich im Raum, in allen Tönen von Gut und Böse, von Klug und Dumm, von Lebensfreude und Sterben." Und sie fügte hinzu: „Die Schauspieler haben es wohl in der Emigration am schwersten, gerade weil ihre Kunst die Sprache verlangt, das Innerlichste und Äußerlichste. Sie sind auch imstande, sie weiterzubringen und rein und unverfälscht zu erhalten. Das mag in Mexiko geschehen oder in einer zerstörten Straße in Wien oder Berlin."

Später schickte uns Heli diesen Brief, der als ein

Beweis gelten darf, wie einsam und fern der Freude unseres Berufs die Weigel damals war. Der Zeitpunkt, an dem wir noch einmal alle Kraft hätten aufwenden können, um solch ein Unternehmen zustandezubringen, war da leider schon überschritten. Heli schrieb:

Liebe Steffi und lieber Ruschin, ich war sehr gerührt über euren Zettel, und es ging mir durch den Kopf, ob ihr nicht was unternehmen könntet, daß ich zu euch komme und eine Vorlesung mache, aber ich weiß, das ist furchtbar teuer und wahrscheinlich könntet ihr nicht für eine Vorlesung das Geld auftreiben, ich dachte, wenn ihr die Fahrtkosten deckt und mich wo zum Wohnen unterbringt, vielleicht gehts doch, überlegt es euch und schreibt. Ich könnte es nur unter diesen Umständen machen, wegen chronischer und unentwegter Pleite, aber als mir der Ernst Deutsch von euch allen erzählte, ist mirs anders geworden, mit Schreiben kommt bei mir nichts heraus, grüßt alle sehr, besonders die Anna Seghers, man könnte sich eventuell noch überlegen, einen Carrar-Abend zu machen, aber das sind Proben und dauert. Ich hoffe, ich höre bald von euch und wenn es nicht geht, war es ein hübscher Gedanke von mir, der mich bis zu eurer Absage erheitert hat.

Eure alte

Heli

Santa Monica/California, Mittwoch, den 4ten September 46

Schließe ich die Augen und stelle mir Bodo Uhse vor, so sehe ich einen Menschen mit grauem Teint, fahlem, dunkelblondem Haar, immer eine Zigarette zwischen den Zähnen. Die Augen hellblau, von stets expressivem Blick. Oft lächelt er, auch mit den Augen. Seine Stimme ist jungenhaft, aber leicht nuschelnd, man muß gut zuhören, um ihn zu verstehen.

Bei allen Diskussionen in Mexiko hatte er die unorthodoxesten Ideen. Im Kreise der Genossen beurteilte er mit Achtung und Zartgefühl jene, die Fehler machten oder von denen man meinte, sie hätten welche gemacht. Haßte Ungerechtigkeit. Er sprach langsam, erst nach Überlegungen. Ich mochte ihn. Was seine eigene Arbeit anging, war er sehr zurückhaltend und bescheiden, eher mit sich unzufrieden, kein Überzeugter seiner selbst. Auf Frauen wirkte er gewiß anziehend. Obgleich er in all der Zeit, wo ich ihn kannte, nie ein gut angezogener Mann war, wirkte er elegant, locker, konnte sich benehmen. Den größten Reiz auf Frauen übte er wohl dadurch aus, daß jede dachte: Aus diesem Mann mache ich einen ganz besonderen, außergewöhnlichen Menschen. Frauen lieben ja oft Männer, von denen sie meinen, erst durch ihren Einfluß würden sich in ihnen die großen Wandlungen vollziehen. Aber gerade Bodo litt unter solchen Frauen. Fast immer endeten seine Frauenfreundschaften sanft tragisch. Immer blieb bei ihm ein Bedauern zurück.

In Mexiko, in Cuernavaca, gingen ich und Günter mit Bodo und Alma und noch einem amerikanischen Freund am Abend spazieren. Wir gingen zum Zócalo in ein kleines Café, saßen auf der Straße. Bodo war bekannt in diesem Café, man behandelte ihn, bediente ihn mit Zuvorkommenheit. Sein Spanisch war sehr gut, besser als bei vielen von uns.

Wir tranken CUBA LIBRE, die Eisstücke klickten in die Gläser. Unser Gespräch drehte sich um Heimweh und Sehnsucht. Es war das Jahr 1944. Wir Emigranten hofften schon auf das Ende des Krieges. Heimweh wurde dadurch plötzlich sehr konkret, nicht nur ein Gefühlsbereich, sondern auch die ganz reale Frage nach dem: Wie dann? Wie werden wir empfangen werden und von wem? Was erwartet uns? Wird man hier Verständnis für unser Nach-Hause-Wollen und in Deutschland für das Nach-Hause-Kommen aufbringen? Bodo meinte, man solle nicht fortgehen, ehe man nicht

Über die Uhse-Aufführung schrieb Lydia Lambert am 1. April in der „Demokratischen Post" u. a.: „Schließlich sei auch Steffanie Spira viel Lob und Anerkennung gezollt: nicht nur für die wenigen Worte, die sie auf der Bühne sprach – übrigens mit der an ihr gewohnten Kunst und Überzeugung –, sondern vor allem für die unbekümmerte Entschlossenheit, mit der sie die Schwierigkeiten der Regie und der Inszenierung gelöst hat. Sie hat diese Schwierigkeiten erklärt, und da, wo sie beispielsweise einen Baum brauchte, stellte sie einfach eine Latte auf die Bühne mit der Aufschrift ‚Baum'. Eine einfache und dennoch wohl überlegte Lösung."

Das COMITE PRO INTERCAMBIO CULTURAL MEXICANO-ALEMAN

veranstaltet

am Donnerstag, den 20. Maerz 1947, abends 8 Uhr 30, im Theatersaale der "Unión Republicana Española", Bucareli 145, I. Stock

eine STUDIO-AUFFUEHRUNG von

"PREIS DES LEBENS"

Schauspiel in vier Akten von

BODO UHSE

Mitwirkende:

VOGELSANG, ein Korrektor............GUENTHER RUSCHIN
ANSELM KUEBERMANN, ein Bastler...ALBRECHT VICTOR BLUM
Frau KUEBERMANN ....STEFFANE SPIRA
ADELE, Hilfsarbeiterin in einer Druckerei, ihre Tochter ....BRIGITTE CHATEL
STEFAN, ihr Sohn XXX
GERHARDT PECK, Maschinensetzer.....JEAN MEUNIER
Der Telegraphenbote ....KLAUS BODEK
Ein Schutzmann XXX

Ort: eine sueddeutsche Kleinstadt
Zeit: Sylvester 1944 — 45

Regie: STEFFANIE SPIRA

Preise der Plaetze: 5 Pesos und 3 Pesos

Eintrittskarten im Vorverkauf bei Rose Flower Shop, Av. Sonora 204, Libreria Internacional, Av. Sonora 204, Café Victoria Plaza Popocatepetl, Regalos Iris, 16 de Septiembre Nº 2, sowie an der Abendkasse

ganz klare Berichte über die Lage hätte. Nicht um jeden Preis zurückfahren, sich auch der Verantwortung bewußt sein, daß man seinen Nächsten zumute, in eine völlig unbegreifliche Welt versetzt zu werden. Hier sprach seine liebevolle Verantwortung für Alma und das von ihnen gewünschte Kind mit.

Günter meinte, Sehnsucht könne man lange ertragen, sie müsse nicht einmal erfüllt werden, aber Heimweh sei etwas Elementares. Wären erst einmal Zeichen des Nach-Hause-Könnens gesetzt, so gäbe es gerade für einen Genossen keine Zurückhaltung mehr.

Wir lebten wie die Habenichtse von Träumen. Nur sehr ungenau vom Wissen. Trotzdem, Erfüllbarkeit von Unternehmungen wurde plötzlich sichtbar. Der Wunsch, auch mit-zu-wirken!

An dieses Gespräch mußte ich mich erinnern; wir waren damals, auch später, als wir bereits nach Hause gekommen waren, Unvollendete.

Aus: Über Bodo Uhse/Ein Almanach, 1984

MEINE erste Begegnung mit Anna Seghers war 1929. Zu dieser Zeit hatten Günter und ich ein Engagement an der Volksbühne in Berlin. Im Februar gab es einen wundervollen Vorfrühlingstag, und da wir von einer Probe viel früher fortgehen konnten, weil jemand krank geworden war, fuhren wir an den Wannsee. Zwar lag noch Schnee und an den Ufern noch Eis, aber die Sonne wärmte schon. Das Freibad hatte geöffnet, man konnte Liegestühle und Decken mieten. Wir lagen eine ganze Weile in der Sonne, um mit der gebräunten Haut in der Stadt zu prahlen, und genossen den schönen Blick über den See. Dann wurden wir aber von soviel Ruhe unruhig.

Nicht weit von uns spielte eine junge, sehr schöne Frau mit ihrem kleinen Jungen Ball, ein Baby lag im Wagen daneben. Wir fragten, ob wir mitspielen dürften. Wir spielten zusammen, es machte Spaß. Die Sonne ging beinahe unter, und es wurde kalt. Da gingen wir miteinander zum Bahnhof, halfen ihr mit dem Kinderwagen die Treppen hoch und hinein in ein Abteil. Eine S-Bahn gab es damals noch nicht, sondern eine Dampflokomotive und schwere eiserne Waggons. Die junge Frau fragte uns, was wir machten. Wir sagten: „Wir sind Schauspieler, aber wir sind noch nicht sehr lange dabei." Dann fragten wir sie, und sie sagte: „Ach, wißt ihr, ich mache was ähnlich Verrücktes." Das war alles.

Ihr Buch *Aufstand der Fischer von St. Barbara* war herausgekommen, als Kleist-Preisträgerin erkannten wir diese schöne, unvergessene Frau auf den Bildern wieder. Später trafen wir uns dann in den Veranstaltungen des *Bundes proletarisch-revolutionärer Schriftsteller.* Wir sahen uns, erkannten uns, freuten uns, so ist es geblieben.

Viel später erzählte Anna mir, daß sie, als sie im Mai 1928 in der Klinik ihre Tochter Ruth geboren hatte und von ihrem Verleger Kiepenheuer einen riesigen Blumenstrauß geschickt bekam, überhaupt nicht hätte verstehen können, daß das eine Anerkennung für ihre schriftstellerische, aber auch für ihre „menschliche" Arbeit war. „Was hat der damit gemeint?" fragt sie sich noch heute. Mir scheint, das ist ein ganz wesentlicher Zug an ihr, daß sie das Schreiben als etwas Selbstverständliches, ihr Zugehöriges empfindet, über das man natürlich sprechen soll, mit ihr und mit anderen, aber daß sie Anerkennung in Form von Geschenken nicht begreift. Nun erst gar in der privaten Sphäre.

Louis Aragon hat einmal etwas sehr Schönes über Anna geschrieben. Er meinte, sie sei wie Artemis, man geht durch einen Wald, erkennt ihre zarte Figur, hört ein lustiges Lachen, kommt näher, und nur noch ein Schleier hängt an den Zweigen – von ihr keine Spur. Für mich ist Anna eine „private" Schauspielerin. Sie versteckt sich auf unnachahmliche Weise. Bald bricht sie mutig los wie eine Pantherin, deren Junges angegriffen wird, bald sitzt sie wie eine antike Göttin voller Stolz und Ruhe, läßt die Menschen um sich herumbrausen, sagt nur wenig, am liebsten gar nichts. Ihre Augen bekommen dann einen Ausdruck, als habe sie ganz fern etwas ungeheuer Interessantes entdeckt, das ihre ganze Aufmerksamkeit beansprucht.

Sie überrascht auch dadurch, daß sie auf einer Sitzung etwa, auf der eine wichtige Rede gehalten wurde und auf der man sie danach zu sprechen bittet, völlig harmlos sagt: „Hat das schon aufgehört?" Sie gehört nicht zu den Menschen, die, im Leben etwas geworden, meinen, sie wüßten über alles Bescheid. Ganz im Gegenteil: Sie bekommt es fertig zu sagen: „Darüber hab ich nicht nachgedacht, davon verstehe ich nichts." Allerdings, wenn sie nachgedacht hat, da versteht und weiß sie alles. Schon bei den Diskussionen in den Veranstaltungen des *Bundes* war es so, daß, wenn Anna sprach, eine ungeteilte Aufmerksamkeit herrschte. Und das blieb so, ob in Paris, im großen repräsentativen Saal an der Place St-Germain des Prés, oder in Mexiko im kleinen Saal der Calle Venustiano Carranza, dem *Schiefersaal*, oder im *Teatro de los Electricistas* oder in der Calle Dr. Rio de la Loza im *Haus der Freien Deutschen.*

Was aber ist das Besondere? Anna spricht ein Deutsch, das vollkommen druckreif ist, keine Füllwörter, nichts Überflüssiges, doch voller Hinweise auf das Thema, gesprochen mit einer kräftigen, ein wenig balladisierenden Stimme. Immer hat sie es als Notwendigkeit empfunden, beim Sprechen vor einem Publikum, im Ausdruck ihres Vortrages eben etwas vor-zu-tragen. Sprach sie, war sie auch vorbereitet.

Sehr gerne hat sie, bei den verschiedensten Gelegenheiten, im Spaß und im Ernst, Schillers Gedichte rezitiert. Überhaupt mag sie es, Lyrik zu lesen und zu sprechen, in all den Sprachen, die sie kennt. Sie liebt den russischen Dichter Alexander Block, besonders das Gedicht *Vergeltung*, in dem es in einer Strophe heißt: „Du zogst den blauen Mantel um dich traurig / Und gingst ins feuchte Wehn der Nacht hinaus." Ja, Anna und die Farbe Blau. Wenn sie auch nicht unbedingt eine Romantikerin ist, das Blau gehört zu ihr. Ob in dunklem oder in weißem Haar, am liebsten zieht sie ein blaues Kleid an. Besonders gern hat sie das wirkliche Blau, in dem etwas vom aufkommenden Nachthimmel ist, kein Preußischblau.

In Paris sahen wir uns nur zu den organisierten Gelegenheiten, also zum Beispiel in unserer Parteizelle, alle vier Wochen bei unseren Freunden Lola und Ralph Zahn. Zahns verfügten als einzige über einen schönen großen Atelierraum; Ralph arbeitete als Fotograf, aber auch als Funktionär der Partei. Da Anna in Bellevue lebte, zur damaligen Zeit ein Vorort, war unser privater Kontakt eingeschränkt. Bei den Sitzungen und Veranstaltungen des SDS trafen wir uns natürlich auch. Außerdem konnte man Anna in einem kleinen Café an der Place Danton sitzen sehen. Niemals haben wir sie da angesprochen, denn sie saß und schrieb, einen Kaffee und Zigaretten vor sich.

Anna hat gerne geraucht, dabei „paffte" sie

irgendwie, sie blies ein bißchen den Mund auf und spuckte den Rauch aus. Nie hat sie gutes Essen und Trinken verschmäht. Sie kochte auch selber ausgezeichnet. Bei Anna zum Essen eingeladen zu sein, ist eine Auszeichnung.

Einige Erlebnisse aus Paris sind mir deswegen in Erinnerung, weil Anna darauf hier in Berlin wieder zu sprechen kam. 1935 erschien im Verlag Carrefour ihr Buch *Der Weg durch den Februar*. Auf einer Sitzung der engeren Leitung der Partei wurde der Roman in Grund und Boden diskutiert. Welche Vorwürfe man erhob, weiß ich nicht mehr, aber sicher auch den, sich mit Österreich anstatt mit Deutschland befaßt zu haben. Weinend ging sie danach über den Boulevard St-Germain und traf die Schriftsteller-Genossin Recha Rothschild; die fragte, warum Anna denn so schrecklich traurig sei. Anna erzählte es. Darauf sagte Recha Rothschild: „Ach, Anna, es ist immer dasselbe: Die Arbeiter haben ein Haus gebaut, nun kommen die Bewohner und kritisieren."

Eine andere Begegnung, sicher eine unter vielen Zusammenkünften mit Louis Aragon, hat Anna nur deshalb im Gedächtnis behalten, weil es um eine für viele Menschen typische Haltung ging. In der Pause einer Veranstaltung fragte Aragon, ob Anna mit ihm und anderen Kollegen essen gehen wolle. Anna fragte, wohin es ginge. Aragon nannte ein recht teures Restaurant. Anna, die mit deutschen Kollegen zusammenstand, sagte darauf: „Nein, das ist für mich und meine Genossen zu teuer. Danke schön." Aragon sagte nun nicht etwa: „Na komm, ich lade dich und deine Genossen ein", nein, er drehte sich um und ging. Diese merkwürdige Haltung, diese Gedankenlosigkeit, das Nicht-Bedenken der Situation eines anderen ist Anna – und ist auch mir – in der Emigration häufig widerfahren. Hinhören auf das, was ein anderer sagt, das *Zu*hören ist keine weit verbreitete Eigenschaft.

Nur sehr selten hat Anna von ihrer Kindheit erzählt. In ihrem Elternhaus wohnte in der obersten Etage ein altes Ehepaar. Kam Weihnachten heran, ging Anna, noch recht klein, zu ihnen hinauf und lud sie im Namen ihrer Eltern ein. Die alten Leute brachten ihr dann immer kleine, sehr liebevoll gebastelte Geschenke mit. Nie fehlte ein Marzipanmännlein, das extra für Anna gemacht wurde. Es trug um den kleinen Leib eine Schärpe, die jedes Jahr eine andere Farbe hatte.

Anna war nun schon etwas älter, die Eltern hatten wohl auch mehr Freunde eingeladen, jedenfalls schickte man sie mit den üblichen kleinen Geschenken hinauf, um die alten Leute für dieses Mal auszuladen. Anna brauchte eine Menge Zeit, um die Treppen hinaufzusteigen. Sie wußte nicht, wie sie diesen netten Menschen sagen könne: Bitte, bleibt heute abend zu Hause.

Vielleicht hatten die alten Leute schon auf das Klappen der Wohnungstür und die Schrittchen auf der Treppe gewartet, kaum stand Anna vor der Tür, wurde ihr auch schon aufgemacht. Alles ging überstürzt, die Übergabe der Geschenke, und Netty bekam natürlich ihr Marzipanmännlein und noch etwas für sich und die Eltern. Wieder stand sie auf der Treppe, auch hinunter ging es nicht so schnell. Zum erstenmal, fand sie, waren ihr die Eltern nicht so lieb wie sonst, aber froh war sie über ihr Marzipanmännlein.

Hatte ihr Vater besonders gute Laune, so sang er ihr vor: „Konstantinopel, eine türkische Stadt,/die liegt nicht weit wohl vom Meer,/da hab ich gedient als Schuster,/'s ist aber schon lange her.“ Anna war als Kind viel krank; als sie lesen und schreiben konnte, war das Im-Bett-liegen-Müssen nicht mehr gar so schwierig: sie schrieb und las. Wie allen phantasiebegabten Menschen war es ihr nie langweilig.

Im Fiebertraum ihrer Kindheit lief Anna eine steile Treppe hinunter, hielt sich dann am Treppengeländer fest, um die Biegung zum nächsten Absatz zu erreichen, da schnurrte ein kleines Männlein im Riesentempo das Geländer hinunter, sprang ab, stand neben ihr und wurde gewaltig groß. Bis heute kann Anna sich nicht erinnern, es geträumt oder nicht doch erlebt zu haben.

Annas Mutter war zart, oft krank, so fuhren sie, die ganze Familie, ans Meer nach Scheveningen in Holland. Für Anna das erste Ausland, fremd, aber schön. Später stand sie oft auf den Brücken über Main und Rhein und betrachtete die Lastkähne mit den Frauen, die auf dem Schiff die Wäsche wuschen, den Hündchen, die hinter ihnen herliefen. Alle fuhren sie den Rhein hinunter nach Holland. Die Lust am Reisen, der unvergessene Blick aufs Meer blieben die Sehnsüchte ihrer Kinderzeit.

Da es etwas Außergewöhnliches ist, will ich aufschreiben, daß Anna jedes Jahr ein kleines, voller

Sorgfalt und Liebe gepacktes Kästchen erhält mit wunderbarem Weihnachtsgebäck. Es kommt von einer nun wohl an die hundert Jahre alten Lehrerin ihrer Schule in Mainz. Natürlich wird das Päckchen nicht mehr von der alten Lehrerin, sondern von ihren letzten Schülerinnen, die aber derweil auch wohl schon fast fünfzig Jahre sind, so liebevoll verschickt. Immer aber liegt ein handgeschriebener Neujahrswunsch der alten Lehrerin dabei. Wo gäbe es heute noch so ein inniges Verhältnis zwischen Lehrer und Schüler?

Den Freunden treu bleiben, das kann Anna. Immer war sie um Magda Stern besorgt. Magda hat für Anna Manuskripte abgeschrieben, Sekretärinnenarbeit geleistet. Das geschah als gleichberechtigte Partnerin. Mit Anna kann man überhaupt nur auf Distanz oder einverleibt leben.

Dabei kann man durchaus anderer Meinung als sie sein. Wir haben uns oft gestritten. Wir sind nicht immer der gleichen Meinung, im Gegenteil, wir zanken uns manchmal ganz kräftig. Das aber gehört zur Freundschaft, ebenso das Miteinanderschweigen.

Jeanne und Kurt Stern nehmen einen ersten Platz in der Reihe von Annas Freunden ein. Jeanne hat die Flucht mit Anna und ihren Kindern von Paris nach Pamiers beschrieben.

Immer, in allen wirren Lebenssituationen, hat Anna versucht, das Leben ihrer Kinder in ein Mindestmaß von Ordnung zu bringen. Selbst während dieser kurzen Etappe in Pamiers wurden die Kinder in die Schule geschickt, während des Aufenthaltes in Santo Domingo wurde ihnen Unterricht erteilt. Überall hat Anna ein Zuhause errichtet, sei es auch nur mit einem Tischtuch und ein paar Servietten, die, wenn möglich, aus Leinen waren.

Ihre Manuskripte hat Anna immer bei sich getragen, sich möglichst nie von ihnen getrennt. Sie schrieb mit der Hand, dann auf einer kleinen Schreibmaschine, die sie nur selten wechselte. Hier in Berlin hat ein wahrer Künstler der Schreibmaschinenreparatur ihr Maschinchen immer wieder in Gang gesetzt. Er war stolz darauf, diese Reparatur zu übernehmen, und sorgte sich, daß Anna auch ja keine neue Maschine kaufen möge. Lieber saß er Stunden bei dieser Arbeit und freute sich, wenn sie die Maschine abholen kam, seine Arbeit von ihr so gelobt zu bekommen. Auch das zeichnet Anna aus: Für die Menschen, die für sie sorgen, kann sie sich „einen Kopf machen", sei es, um ihnen zu Weihnachten etwas zu schenken, was dann immer mit Liebe eingepackt wurde, sei es, wenn sie in Not geraten, sich um sie zu kümmern.

Für ihr Leben gern hat Anna sich gut angezogen. Sie besitzt dabei einen eigenen, zeitlosen Stil. Große, schwer aussehende Mäntel mit großen Taschen, englische Kostüme. Als sie jung war, große Hüte und später Tücher, auf eigene Art gefaltet und um den Kopf geschlungen. Selten geht sie ohne Handschuhe. Ihre Taschen durften groß und schwer sein; doch je älter sie wurde, desto kleiner gerieten die Taschen, weil ihr das Tragen zu aufwendig war. Schmuck mag sie ebenfalls, vor allem aus Mexiko, und von der Reise nach Brasilien hat sie sich besondere Ketten und Ringe mitgebracht.

Nicht aus kostbarem Metall und mit teuren Steinen, nein, Ketten und Armreifen, wie sie die Indiofrauen tragen, aus Pflanzensamen oder Muscheln, Korallen oder Bergkristall.

Wer hätte sich je dem immer wiederkehrenden Satz „Jetzt hör mal mit zu!" entziehen können? Nur mit Menschen, die wie Anna stark beobachten können, sind Gespräche voller Entdeckungen. Ich kenne wenige Menschen, die so viel und mit Aufmerksamkeit lesen wie sie. Oft hat sie mir von Büchern erzählt, die sie gerade las oder die ihr wieder einfielen. Herrlicherweise hat sie beim Erzählen dann auch mal etwas geändert, was stets besser war als das Original, wenn ich es dann las. Bat ich sie aber, mir das Buch auszuleihen, von dem sie eben erzählt hatte, so stieß ich fast immer auf Granit. Nur ganz selten hat Anna Bücher verliehen, borgte ich ihr jedoch mal ein Buch, das mir gefiel oder das zu ihrer Arbeit paßte, gab es stets Kämpfe, es wieder zurückzubekommen. Ich habe dann meist darauf verzichtet, weil ich finde, daß es nicht so schlimm ist, Dinge zu missen, wenn sie dem anderen etwas bedeuten.

Bis jetzt habe ich kein Wort über Roddy geschrieben, den Mann auf Annas Lebensweg. Zu gleicher Zeit gingen sie beide auf die Universität in Heidelberg. László Radványi. Um zu sagen, was für ein Kopf Roddy war, will ich eine Begebenheit wiedergeben, die er selbst erzählte. Irgendwann war Roddy wieder einmal auf einem internationalen Kongreß. In einer Pause unterhielt er sich mit einem französischen Delegierten in dessen Sprache. Ein englischer Genosse trat hinzu, und es wurde Englisch gesprochen. Man trennte sich, als ein spanischer und dann ein deutscher Freund kamen, natürlich sprach Roddy sowohl Spanisch als auch Deutsch. Zu ihnen gesellte sich schließlich ein russischer Genosse, und die Sprache, die nun gesprochen wurde, war Russisch. Ein Student, der Roddy in respektvoller Entfernung gefolgt war, zitterte vor Aufregung, als er ihm nun einen ungarischen Genossen vorstellte und voller Freude sagte: „Aber Ungarisch werden Sie, Herr Professor, doch nicht können!“ Roddy aber, in seinem ewig ungarisch-österreichischen Deutsch, sagte: „Das ist meine Muttersprache!“

Nie hat Roddy seine hervorragende Erziehung, nie seine Ironie und seinen Witz verleugnet. Zu den Frauen, die die Familie umsorgten, gleichgültig, ob Crisanta oder Frau Schemm, war er der höflichste Mann, den ich gekannt habe. Natürlich, manchmal artete diese österreichische Höflichkeit auch aus, man wurde auf den Arm genommen, zuckten aber seine wilden Augenbrauen, die die schönen, vollen, gut geschwungenen von Anna noch übertrafen, dann wußte man, woran man war.

Er lachte selber gern, hörte sich mit Begeisterung neue Witze an und wußte selber immer wieder neue ausgezeichnet zu erzählen. Seine Vorliebe für österreichische Mehlspeisen war ungeheuer. Wie viele geistig arbeitende Männer liebte er „Zuckerln“.

Immer hat er viel gearbeitet. Sein Arbeitszimmer war ein Heiligtum. Als Anna in Mexiko, nach dem großen literarischen und materiellen Erfolg ihres Romans *Das siebte Kreuz*, ein Haus mieten konnte, gab es natürlich Roddys Zimmer. Mit ihm hatte es eine besondere Bewandtnis: Es war stets verschlossen, ob Roddy darin saß oder nicht. Für die nun doch schon fünfzehn und achtzehn Jahre alten Kinder war es reichlich „verfremdend“, wenn sie ihren Vater per Mitteilung verständigen mußten, daß sie ihn sprechen wollten. Roddy, ein völlig sich selbst lebender Mann, nahm, was die äußere Haltung betraf, wenig Rücksicht auf Freundschaft. Anna war in allen Liebes- und Lebensfragen von ihm abhängig. Aber wenn auch jeder sein Leben lebte, seine Freunde und Interessen hatte, so blieb doch die Gemeinsamkeit unangetastet.

Roddy hat vor 1933 mit Hermann Duncker an der MASCH (*Marxistische Arbeiterschule*) gelehrt. Er war Wirtschaftswissenschaftler und arbeitete auch an der *Inprekorr* mit. Ungarn bildeten innerhalb des EKKI (*Exekutivkomitee der Kommunistischen Internationale*) eine starke Gruppe; wie auch Togliatti beeinflußten sie die Geschicke der Internationale. Roddy hatte etwas vom Konspirativen der Illegalität an sich. Immer schleppte er sich mit entsetzlich großen, schweren Ledertaschen, in denen man durchaus geheimes Material vermuten konnte. In den Diskussionen unserer Gruppen – ob in Paris oder in Mexiko – habe ich ihn nur ganz selten sprechen gehört. Ein einziges Mal trat er im Heine-Klub mit einem Vortrag „Idealistische und materialistische Geschichtsauffassung“ auf.

Als Hitler im Sommer 1941 die Sowjetunion überfiel, saß die Familie noch in Ellis Island. Anna hat erzählt, welchen Eindruck ihr damals Gerhart Eisler gemacht hat. Er kam einen Tag nach dem Ereignis vom Festland zu ihnen in das Abwartelager. Unter den Emigranten, ein aufgeschreckter Ameisenhaufen, gingen die wildesten Gerüchte und Mutmaßungen, ging auch Verzweiflung um. Alle warteten voller Spannung, was Eisler wohl sagen würde. Er sprach nur wenige Sätze: Es gäbe keinen Zweifel, daß die Sowjetunion, von den Faschisten angegriffen, die Faschisten besiegen werde. Nun könne der Krieg nicht mehr gar so lange und nicht mehr ungewiß weitergehen. – Die Menschen waren beeindruckt von einer solchen Zuversicht und einem solchen Vertrauen. Meiner Meinung nach ist die Haltung eines Genossen in einer schwierigen, ungewissen Situation oft der Kraftquell für viele unsichere Menschen. Hier erweist sich: Er ist eben kein Schaukelpferd, sondern geht den Schritt voran.

In Mexiko wohnte die Familie Radványi in der Calle Rio de la Plata, dicht an der großen Hauptstraße der Stadt, dem Paseo de la Reforma. Bei Anna und Roddy konnte man – das war bei den wenigsten Genossen Emigranten der Fall – stets Genossen aus anderen Ländern treffen. Ihre Freunde kamen aus allen Himmelsrichtungen. Die Kinder gingen in das französische Gymnasium, damit sie nicht noch einmal, kurz vor dem Abschluß der Schule, eine neue Sprache lernen mußten.

Die Wohnung war weder sehr groß noch elegant eingerichtet. Vom Markt Lagunilla im Zentrum der Stadt, dicht beim Zócalo, dem Hauptplatz vor der Kathedrale, stammten die leichtgezimmerten Möbel. Handgearbeitete Tische und Stühle, buntbemalt, 1941 noch für einen Spottpreis zu kaufen. Einfache Bettgestelle. Zum Zudecken die herrlichen, aus reiner Wolle handgewebten, bunten SARAPES, eigentlich in zwei Stücken gewebte und mit einem Wollfaden zusammengefaßte Tücher. In der Mitte aber bleibt ein Stück offen, damit man den Kopf hindurchstecken und den SARAPE wie einen Mantel tragen kann. Da es in Mexiko-Stadt weder allzu kalt noch allzu warm ist, waren diese Decken das Beste für uns. Und das schöne blaue oder braune Keramikgeschirr, gut glasiert, auch als Kochtopf zu gebrauchen. Wir wetteiferten in unseren Küchen mit den schönsten Mustern. Die besten Töpfe, Schüsseln, Teller kamen unzweifelhaft aus Puebla, einer Stadt, ungefähr zweihundertfünfzig Kilometer von Mexiko-Stadt entfernt. Anna hat bis heute noch ein paar Schüsseln mit dem schönen Blau in ihrer Wirtschaft.

Oft gingen wir gemeinsam auf den Markt in der Calle San Juan de Letran. Trafen uns dort auch mit Gisl Kisch. Zählten die Gelder zusammen und kamen überein, gemeinsam zu essen. Die Kinder bekamen in ihren Schulen eine Mittagsmahlzeit, denn sie blieben bis zum frühen Nachmittag, etwa fünfzehn Uhr, dort. Die Essen, die wir dann veranstalteten, waren keine Festmahle, aber man aß zu dritt lustiger und, was wichtig war, billiger.

Am Anfang, also etwa 1941 bis 1943, konnte man eine Staude Bananen für einen Peso bekommen. Auch Eier kaufte man gleich in großen Mengen ein. Herrliche Früchte: PAPAYA, GUAYAVA, ZAPOTE NEGRO und BLANCO, Melonen und Mangos. Selbst-

Anna Seghers mit Tochter Ruth und Sohn Peter 1943 in Mexiko. In ihrer Erzählung „Der Ausflug der toten Mädchen" (1943/44) heißt es: „Ich hatte Monate Krankheit gerade hinter mir, die mich hier erreicht hatte, obwohl mir die mannigfachen Gefahren des Krieges nichts hatten anhaben können. Wie es bisweilen zu gehen pflegt, die Rettungsversuche der Freunde hatten die offensichtlichen Unglücke von mir gebannt und versteckte Unglücke beschworen."
(Photo: Albrecht Viktor Blum, Mexiko-Stadt)

verständlich Apfelsinen, auch mal Äpfel, die aber teuer waren, da sie aus dem Norden des Landes kamen, wo sie von Mormonen gezüchtet wurden. Spaß machte es auch, Kaffee zu kaufen. Der grüne Kaffee lag, nach Sorten geordnet, in schön geflochtenen Körben. Man suchte sich seine Mischung aus und bekam sie vor seinen Augen geröstet, man selber sagte „Halt!“, wenn es einem am besten erschien. Es war ein billiges Vergnügen, ebenso die Zigaretten, die wir alle reichlich verbrauchten. Auch die fremden Gewürze, vor allem die Chili-Pfefferschote, lernten wir zu benutzen. Natürlich wurden auch TORTILLAS gekauft. Kartoffeln gab es zwar, sie galten aber als Gemüse und hatten dadurch einen anderen Preis.

Bei Anna aßen wir, wenn wir nicht zu viele waren, in der Küche. Immer saß Anna so – und das bis heute in ihrer Küche in Adlershof –, daß sie den Ausblick aus dem Fenster hatte. Mir scheint es zu ihrem Bild gut zu passen, weil sie nicht über die Menschen hinwegsieht, aber doch einen eigenen „Weitblick“ behält. Unsere Gespräche in jener Zeit waren natürlich von unserer unmittelbaren Umgebung, aber auch vom Geschehen in der Stadt und in dem Land, in denen wir lebten, und natürlich vom Kriegsverlauf beeinflußt.

Auch in Mexiko führten wir ein aktives Parteileben. Es gab keine verschiedenen Parteigruppen mehr, sondern nur noch eine. Als wir das Haus in der Calle Dr. Rio de la Loza hatten – es gehörte dem Bildhauer Hofmann-Isenburg, der mit Ludwig Renn befreundet war –, hielten wir unsere Parteiversammlungen dort ab. Zu unserer Gruppe gehörten auch die österreichischen Genossen Frieda und Joseph Foscht, Bronja und Leo Katz, Bruno Frei, Dr. Gertrud Kurz, Dr. Mizzi Frischauf, die Schweizerin Gertrude Düby, die tschechoslowakischen Staatsbürger Ilse und Otto Katz (André Simone), Gisl und Egon Erwin Kisch und Lenka Reinerová sowie der Jugoslawe Theo Balk (Dr. Dragutin Fodor). Ab und zu kamen auch mal Anna-Maria und Mario Montagnana dazu, ein italienisches Ehepaar; Anna-Maria war in unserer Baracke in Rieucros gewesen und Mario mit unseren Genossen in Vernet im *quartier B.*

In den Versammlungen wurde stets ein politisches Referat gehalten, das verschiedene Genossen übernahmen. Es mußte nicht immer Paul Merker sein, ab 43 Pol-Leiter, sehr oft haben Otto Katz, Alexander Abusch, auch Bruno Frei gesprochen. Walter Janka, unser „junger Mann“, griff mit Mut und Können in die Diskussionen ein.

Es gab genug Probleme, die uns bewegten. Von Langeweile konnte keine Rede sein. Es beteiligten sich eigentlich immer alle, man konnte eben laut und „ins Unreine“ denken. Anna hat, was Jeanne Stern und mich noch heute bewegt, gestrickt! Es war so ungewöhnlich, sie mit einer Handarbeit beschäftigt zu sehen.

Es geschah aber auch, mehr zum Ende der Emigrationszeit, daß die Gruppe nicht mehr in allen Fragen einer Ansicht war. Nach Stalingrad tauchte ein Meinungsstreit auf, der sich dann gewaltig auswuchs. Es ging um das Problem, ob man mit den Generälen, die sich der Sowjetunion ergeben hatten, später zusammenarbeiten sollte. Paul Merker vertrat den Standpunkt, das käme überhaupt nicht in Frage, die Schuld der Generäle am Hitler-Krieg wäre erwiesen, sich zu ergeben wäre noch keine Einsicht, sie wären keine Partner zum Neubeginn. Georg Stibi, der vom Standpunkt der Sowjetunion ausging, begriff dagegen, wie wichtig in dieser Etappe des Kampfes es war, auch die hohen Chargen zu überzeugen, daß ihnen beim Kapitulieren außer der Gefangenschaft nichts drohte, ja, daß sie, bei weiterer ideologischer Einsicht, selbst zu Partnern werden könnten.

Wie gesagt, eine Meinungsverschiedenheit, keine auf die Spitze zu treibende Frage, denn es war ja wirklich noch nicht soweit, um das Problem am Ergebnis zu lösen. Immer aber, in allen Emigrationen ist das leider so gewesen, herrschen dann die „eisenharten Prinzipien", die nicht zulassen, daß es zwei Meinungen gibt. Merker verlangte den Ausschluß des Genossen Stibi. Henny ging mit ihrem Mann. Für die Genossen, die von ihrer Arbeit für die Partei auch lebten, bestand natürlich keine Frage. Für andere, wie Günter und mich, Baumgartens, Dr. Hilde und Dr. Rudolf Neumann, Anna und Roddy, Gisl und Egon, Bodo Uhse, gab es dieses Problem in dieser Form nicht.

Jeder von uns dachte zu dieser Zeit schon an das Nachhausekommen, wie sollte man es ohne die Hilfe der Partei bewerkstelligen? Außerdem war der „politische Anlaß" nicht so gewaltig, daß man, nach Hause gekommen, den Beschluß nicht zurücknehmen, die Parteizugehörigkeit für Stibis nicht wieder beantragen konnte. Wir nahmen also den Ausschluß nicht so ernst, brachen unsere Beziehung zu den Stibis nicht ab, unterstützten sie in den Grenzen unserer Möglichkeiten. Anna besaß noch lange einen Zettel, den Paul Merker ihr, nachdem sie bei den Stibis gewesen war, unter die Wohnungstür geschoben hatte und auf dem etwa folgendes stand: Jetzt weiß ich, wo Du Dich entgegen den Beschlüssen der Partei hinbewegst. Ich habe Dich beobachtet. P. Merker. – In Berlin, im Nachhinein haben wir darüber gelacht, Anna mit ihrem Ausruf: „Hol's der Naturgeier!", aber als es geschah, waren wir gar nicht so lustig.

Über ihren Unfall war Anna die beste Erzählerin. An diesem Tag hatten wir um neunzehn Uhr dreißig eine Parteisitzung. Gegen Abend ging Anna von zu Hause fort. Ihre Augen waren schon immer nicht die besten, ab und zu trug sie eine Brille, behauptete aber, dadurch keineswegs gleichmäßig gut sehen zu können. Ich glaube, man nennt das astigmatisch. Es wurde gerade dunkel, als Anna die wirklich sehr breite Straße des Paseo de la Reforma überqueren mußte. (Um einen Anhaltspunkt zu geben: Es fahren auf jeder Seite der Allee die Autos heute in Viererreihen.) Wohl auf der Mitte der Straße muß sie ein Auto erwischt haben.

Anna erzählte, am Morgen nach dem Unfall hätte ein Mann bei Roddy angerufen und gesagt: „Ja, wissen Sie, ich habe Ihre Frau, wie es sich herausstellte, ist es Ihre Frau, gestern mit einem Freund auf dem Paseo de la Reforma gefunden. Wir haben sie an den Rand der Straße gelegt, mein Freund hat sich weiter um sie bemüht, ich selber hatte keine Zeit. Ich bin aber dann am Abend noch einmal in die Kirche gegangen und habe für ihr Wohl gebetet!" Und Anna fügte mit einem Lachen hinzu: „Du siehst, es hat doch geholfen!"

Zu Ehren von Egon Erwin Kischs sechzigstem Geburtstag stand auch Anna auf unserer kleinen Bühne im Schiefersaal. Es wurde *Der Fall des Generalstabschefs Redl* nur von Schriftstellerkollegen gespielt. Wir Schauspieler durften uns um die Aufführung nicht kümmern. Anna hatte als Baronin Daubek für ihr Kostüm und den Schmuck die größten Sorgen. Wo so schnell ein Kleid im Stil des Jahres 1913 hernehmen? Ein schönes graues Seidenkleid mit bis zum Kinn geschlossenem Kragen, darüber eine goldene Kette, ein Lorgnon, das wirklich aufzuklappen ging, ein kleines Diadem im Haar – das machte sie zur unverkennbaren Baronin.

Am 10. Mai 1945 fand dieser Theaterabend statt. Es war unsere Siegesfeier!

Mein Originaleindruck

Man muß den „Originaleindruck" wachhalten. Lebendig bleibt nur, was ein Mensch im Begreifen eines Erlebnisses gedacht, bedacht, gefühlt hat. Damit wird er sich sein Leben lang auseinanderzusetzen haben. Das prägt ihn, seinen Standpunkt, seine Standhaftigkeit, seine Wahrheitsliebe.

So oder ähnlich hat Anna Seghers bei vielen Gelegenheiten des Zuzweitseins sich ausgedrückt.

Über eine Freundin etwas zu schreiben, wenn sie auch schon fünfundsiebzig Jahre alt wird und noch dazu Anna Seghers heißt, ist nicht leicht. So will ich über einen, meinen Originaleindruck, vor langer, langer Zeit erlebt, versuchen zu berichten.

Es war in Mexiko. Am Ende ihrer großen Krankheit. Abwechselnd waren die Genossinnen an ihrem Krankenbett gesessen, so auch ich. Nun aber konnten wir schon im Garten des Krankenhauses, jeden Tag ein wenig mehr, mit ihr spazierengehen. Der Garten war nicht riesig, aber so üppig in seiner Pflanzenwelt, von so vollen Farben, wie man sie nur in südlichen Gegenden sehen kann. Exotisch für uns die meisten Bäume und Blumen. Bougainvillea, Hibiskus, Pfefferbäume und Lorbeer. Dazwischen aber gab es kleine Rasenflächen und sogar Gänseblümchen. Es gab Bänke, da konnte man, so man wollte, nichts als das Rasenstück davor sehen. Das war, als wäre man zu Hause. Darüber, über „zu Hause", sprachen wir ...

Jahre später, im Hause in Prieros, standen wir auf dem kleinen Steg, der zum See hinausführt. Es war gegen Abend und herbstdunstig. Die Farben schwammen wie die bunten Blätter auf dem See. Sie sagte: „Wenn du eine Landschaft in deinem Leben einmal wirklich in allen Einzelheiten dir angesehen hast, kennst du alle Länder der Erde."

Sie kennt sie wirklich mit allen Menschen darin.

Aus: Über Anna Seghers/Ein Almanach zum 75. Geburtstag, 1975

Im Hafen von Veracruz waren wir Ende 1941 mit dem portugiesischen Schiff *Serpa Pinto* (Rote Schlange) angekommen, im Juni 1947 fuhren wir vom Hafen Coatzacoalcos (Puerto México) auf dem sowjetischen Frachtschiff *Marschall Goworow* zurück nach Deutschland. Es brachte Südfrüchte in die Sowjetunion und hatte neben uns Rückkehrern auch sowjetische Passagiere, Botschaftspersonal, an Bord.

Vierzehn Jahre Exil fanden ihr Ende, die besten Jahre unseres Lebens. Günter war achtundzwanzig, ich vierundzwanzig, als unsere Emigration begann, mit dreiundvierzig und neununddreißig Jahren kamen wir heim, einen Sohn mit uns, dreizehn Jahre alt. Wußten wir, was uns in Deutschland erwartete? Hatten wir Illusionen, Wunschträume? Waren wir vorbereitet, hatten wir Ansprüche? Auch Angst, Unsicherheit, Belastung durch das Vergangene in unseren Köpfen? Wir wußten von allen diesen Sorgen, trotzdem waren auch Stolz und Freude dabei, daß endlich die Zeit kommen würde, für die jene vielen anderen ihr Leben hingegeben hatten: Wir, die Überlebenden, konnten eine neue Welt aufbauen, ohne Krieg, erfüllt von den Ideen des Kommunismus.

Ich dachte: Wir haben, so gut es uns gelang, das unsre getan. Ich fragte mich: Hat der Trab der Schaukelpferde nun sein Ende?

Meine Gedanken gingen auch zurück. Gegen Ausgang des Ersten Weltkrieges hatten wir, meine Mutter, meine Schwester und ich, eine Zeitlang in der „Etappe Gent" gelebt. Im Frühjahr 1918 hatte meine Mutter, die in Belgien, in Lazaretten in und um Gent auftrat, uns Kinder zu sich geholt. Für Großtante Malchen, durch den Tod ihres Mannes im November 1917 tief getroffen, waren die Lebensverhältnisse zu schwierig geworden, als daß sie weiter allein für uns Kinder hätte sorgen können.

Camilla und ich gingen auf eine französische Schule. Im Mai begannen Bombardements, für uns ein Riesenfeuerwerk. Wir standen auf dem Balkon unserer Wohnung und sahen mit Herrn Pragel, so, glaube ich, hieß der Soldat, der uns beaufsichtigte, in den Nachthimmel, an dem die roten und gelben „Sterne" aufblitzten. Auch eine Feuergarbe war mal zu sehen. Später geschah etwas auch für uns Unheimliches. Es entstand so etwas wie ein Extra-Mondschein, hervorgerufen durch einen silbern aussehenden Ball, der für einige Minuten den ganzen Himmel und die Stadt erhellte.

Auf der Schelde, dicht am Haus von Professor Derr, bei dem wir wohnten, kamen tagsüber unablässig große Kähne vorbei, auf denen Flüchtlinge, meistens Flamen, dicht gedrängt standen, alte Männer, Frauen und Kinder. Die Frauen und Kinder riefen: „Du pain!", „Brot, Brot". Aus der Offiziersmesse, wo wir aßen, nahmen meine Schwester und ich alles Brot mit, was wir auf den Tischen fanden, liefen an den Fluß und warfen es den Kindern zu. –

Auf der *Marschall Goworow* fuhren wir in elf Tagen bis vor den Rostocker Hafen Warnemünde. Für den Hinweg nach Mexiko hatten wir mehr als vier Wochen gebraucht, angehalten auf dem Meer von einem deutschen U-Boot, das uns „registrierte", angehalten bei den Bermudas, wo der ehemalige Genosse Maaß von den Engländern in Empfang genommen wurde. Vor der Einfahrt nach Ciudad Trujillo auf Santo Domingo hatten wir die ersten freilebenden Affen gesehen. Flußaufwärts standen auf den Dächern des Gefängnisses Polizisten mit ihren Sträflingen und bestaunten und bewinkten gemeinsam das Ereignis, daß ein Schiff aus Europa während des Krieges in ihren Hafen einlief.

Dann kam Kuba. Im Hafen von Havanna näherten sich unserem Schiff kleine Boote, vollbeladen mit Bananen und Ananas, die man uns zum Kauf anbot. Tänzerinnen zu Marimba-Musik, Tango tanzend am Kai. An Land gehen durfte allerdings keiner von uns, für Batista waren wir alle unerwünscht! Die Passagiere aber, die ein amerikanisches Visum hatten, mußten hier umsteigen.

Auf der Rückreise machten wir nicht ein einziges Mal Station. Wir fuhren ruhig stampfend durch die Wellen des Ozeans, sahen zum letzten Mal fliegende Fische und Delphine vorn an der Spitze des Frachters. Kuba und Santo Domingo, die Bermudas waren längst umfahren. Langsam ging es an den Azoren vorbei. Wirklich, wenn man diese kleinen, grün bewaldeten, leicht hügeligen Inseln sah, glaubte man, daß von dort das gute Wetter herkäme.

Dann der Golf von Biscaya, der Ärmelkanal, da wurde es mulmig. Wir hatten auf offener See, auf der Höhe von Portugal etwa, Sonderlotsen aufgenommen, die uns durch die noch immer schwimmenden Minenfelder in ganz langsamer Fahrt bis hinauf in die Nordsee begleiteten. Da das Wetter meist schlecht war, riefen auch unablässig die Sirenen der wenigen uns entgegenkommenden Schiffe.

Schließlich fuhren wir in den Nord-Ostsee-Kanal ein. Schnurgerade und schmal wie ein Handtuch. An beiden Ufern standen die Menschen, meistens Frauen und Kinder, und riefen: „Brot, Brot!" Wie damals 1918! Nicht nur ich, noch andere Genossen mit mir warfen von unserem Schiff aus das Brot auf das Land, nun in die Arme unserer eigenen Landsleute.

In der Kieler Bucht ragten die Maste der versenkten deutschen Kriegsschiffe aus dem Wasser, es sah wie ein Seefriedhof aus, überall Kreuze. Dazwischen, nahe an der Fahrtrinne, fuhren Minensuchboote umher. Wir konnten die Menschen gut erkennen, deutsche Militärs aller Gattungen, Kapitän jedoch immer ein Engländer, die Boote führten englische Flaggen.

Auf unserem Schiff war seit der Abfahrt von Coatzacoalcos gemalert worden. Zuerst der Schornstein mit dem für uns so beruhigenden Emblem Hammer und Sichel, danach kamen, auch in

Weiß, alle Treppengeländer, die Reeling, Bug- und Heckbänke dran. Als wir abstiegen, sah das Schiff aus wie eben von der Reederei gekommen. Strahlendes Weiß und am Schornstein rot das Emblem.

Für ein Schiff wie die *Marschall Goworow* war der alte Rostocker Hafen viel zu klein. Außerdem lag er vollkommen zerstört da. So wurden wir auf dem Meer, das Land in Sicht, ausgebootet. Unvergeßlich ist für mich dieser Abschied.

Immer hatte man auf dem Schiff eine förmliche Distanz eingehalten. Wir aßen allein in der Offiziersmesse, nur in Begleitung des stets gleichen Offiziers, der auch unsere Wünsche, besonders für die kleineren Kinder, entgegennahm. Unser Deck wurde nie von den sowjetischen Passagieren betreten und ihres nicht von uns. Nur ich machte eine Ausnahme. Gleich nachdem wir von Mexiko abgefahren waren, hatte der Kapitän gefragt, ob ich die Pflanzen, die sie in ziemlicher Anzahl mitgenommen hatten, pflegen würde. Irgendwie hatte er erfahren, daß ich in einem Blumenladen gearbeitet hatte. Selbstverständlich versprach ich, für die Pflanzen zu sorgen.

Es waren hauptsächlich Ableger von Avogatebäumen, auch Bougainvillea und Hibiskus-Sträucher. Die Pflanzen standen auf einem Vorderdeck, gegen den Wind gut abgeschirmt. Dahin mußte ich über das Deck der sowjetischen Passagiere gehen. Auch sie hatten Kinder bei sich, immer gab es eine kleine Unterhaltung in der besten Körpersprache, mit Armen, Händen und viel Lachen. Nur mit einem ganz jungen Schiffsjungen, blond und lustig, unterhielten wir uns mit deutschen und russi-

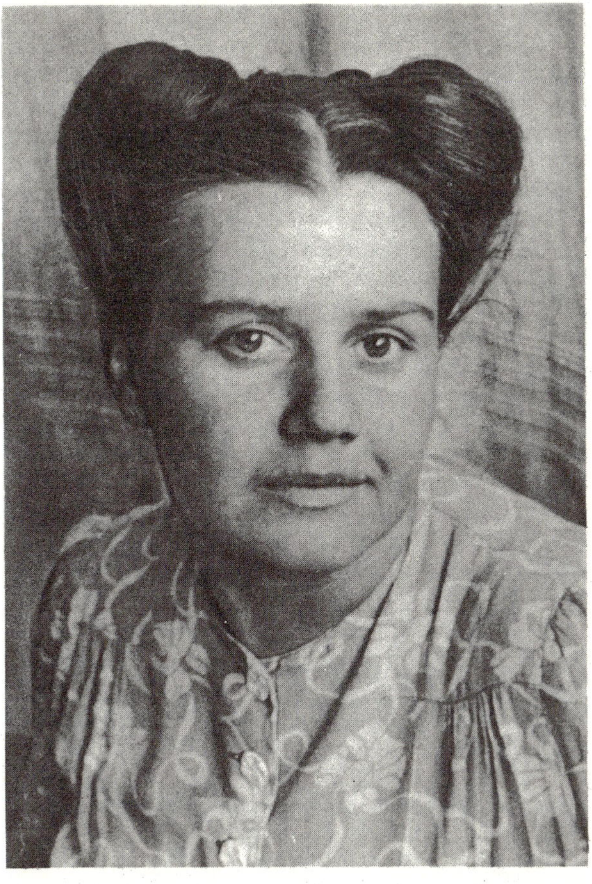

1946 in Mexiko.
(Photo: Albrecht Viktor Blum, Mexiko-Stadt)

schen Brocken. Wir fragten ihn, ob er im Komsomol oder in der Partei wäre. Mit strahlendem Lächeln sagte er: „Ich nix Partei, zuviel Arbeit, ich noch jung.“ Und eine weitausholende Geste deutete an, daß er sicher einmal Parteimitglied werden würde.

Als das Schiff nun stillstand, der Anker rasselnd runterging, sahen wir von der Küste her ein winziges Schifflein auf uns zusteuern. Als es herankam, erschraken wir doch, es war eine richtige Kohlenschaluppe, alles an ihr kohlrabenschwarz, auch der riesengroße Mann auf dem Boot schwarz von Kohlenstaub. Eine Steigleiter wurde hinuntergelassen, zuerst kam das Gepäck, das verstaut werden mußte, bevor wir uns auf die pechschwarzen Bänke setzen konnten. Matrosen unseres Schiffes halfen fachmännisch dabei. Es war nicht allzuviel Gepäck. Wer von uns hatte schon Geld gehabt, um große Einkäufe zu machen?

Wir waren vierzehn: Rudi Feistmann mit seiner Frau Vera, der großen Tochter Anja und dem gerade anderthalb Jahre alten Sohn Thomas. Hans und Sophie Marum mit Tochter Andrée und Sohn Ludwig. Hein und Liza Hollender mit Sohn Julio. Günter und Tomas und ich. Natürlich hatte es dieser Abstieg in das schaukelnde Boot in sich. Eine Kiste war schon über Bord gegangen. Endlich hatten wir uns alle wohlbehalten in der Schaluppe versammelt.

Als die Steigleiter hochgezogen wurde, stand plötzlich die gesamte Mannschaft an der Reeling mit allen Passagieren, und eine kleine Musikkapelle spielte zum Abschied die *Internationale.* Das große Schiff lichtete die Anker, dreimal ertönte laut und stark seine Sirene, und es drehte ab. Aus dem kleinen Schornstein der Schaluppe kam ein heller Piep-Ton, wie es sich gehört dreimal. Wir winkten und weinten.

Verzeichnis der Theaterrollen seit der Rückkehr aus dem Exil

1948

Dienstmädchen in „Der Spitzel", Köchin in „Das Kreidekreuz", Wirtschafterin in „Die Rechtfindung" aus „Furcht und Elend des Dritten Reiches" von Bertolt Brecht. Deutsches Theater, Berlin. Regie: Wolfgang Langhoff/Hans Georg Schnell.

Richterin in „Moskauer Charakter" von A. W. Sofronow. Zentrales Haus der Deutsch-Sowjetischen Freundschaft, Berlin. Regie: Hans Rodenberg.

Lampito in „Lysistrata" von Aristophanes. Volksbühne Kastanienallee, Berlin. Regie: Franz Reichert. Bühnenbild: Paul Strecker.

Frau Kleisich in „Nante", Madam Stehauf/Madam Puff in „Das Fest der Handwerker" aus „An der Spree und an der Panke" von Jung/Angely. Volksbühne Kastanienallee, Berlin. Regie und Bühnenbild: Wolfgang Böttcher.

Alte Frau in „Der Löwe auf dem Marktplatz" von Ilja Ehrenburg. Volksbühne Kastanienallee, Berlin. Regie: Heinz Wolfgang Litten. Bühnenbild: Wolfgang Böttcher.

Mutter Wolffen in „Der Biberpelz" von Gerhart Hauptmann. Volksbühne Kastanienallee, Berlin. Regie: Robert Trösch. Bühnenbild: Wolfgang Böttcher.

1949

Die Alte in „Die zwölf Monate" von Samuil Marschak. Theater am Schiffbauer Damm, Berlin. Regie: Inge von Wangenheim. Bühnenbild: Ernst Schütte.

1950

Eine alte Frau in „Florian Geyer“ von Gerhart Hauptmann. Theater am Schiffbauer Damm, Berlin. Regie: Lothar Müthel. Bühnenbild: Rainer Hill.

Manefa in „Eine Dummheit macht auch der Gescheiteste“ von A. N. Ostrowski. Theater am Schiffbauer Damm, Berlin. Regie: Aribert Wäscher. Bühnenbild: Ernst Schütte.

Martha Moll in „Er hat auch eine Frau“ von Otto Müller-Glösa. Theater am Schiffbauer Damm, Berlin. Regie: Gottfried Hermann. Bühnenbild: Roman Weyl.

1951

Frau Rummel in „Die Stützen der Gesellschaft“ von Henrik Ibsen. Theater am Schiffbauer Damm, Berlin. Regie: Fritz Wisten. Bühnenbild: Roman Weyl.

Frau Wurzel in „Das Spiel von der verlorenen Zeit“ von H. U. Wendler nach Jewgeni Schwarz. Theater am Schiffbauer Damm, Berlin. Regie: Hedda Zinner. Bühnenbild: Rolf Hoffmann.

Kleopatra Iwanowna Nitschkina in „Feiertagstraum vor dem Essen“ von A. N. Ostrowski. Theater am Schiffbauer Damm, Berlin. Regie: Heinrich Goertz. Bühnenbild: Roman Weyl.

Polina in „Die Feinde“ von Maxim Gorki. Theater am Schiffbauer Damm, Berlin. Regie: Fritz Wisten. Bühnenbild: Roman Weyl.

1952

Filipkova in „Menschen unserer Straße“ von Peter Kavas. Theater am Schiffbauer Damm, Berlin. Regie: Gottfried Hermann. Bühnenbild: Roman Weyl.

Xenia Glebowna in „Wo der Schuh drückt“ von Georgi Mdiwani. Theater am Schiffbauer Damm, Berlin. Regie: Werner Stewe. Bühnenbild: Paul Pilowski.

1953
Fjokla Iwanowna, Heiratsvermittlerin in „Die Heirat" von Nikolai Gogol. Theater am Schiffbauer Damm, Berlin. Regie: Franz Kutschera. Bühnenbild: Roman Weyl.
Frau Lühring in „Der Teufelskreis" von Hedda Zinner. Theater am Schiffbauer Damm, Berlin. Regie: Fritz Wisten. Bühnenbild: Roman Weyl.

1954
Olga Pawlowna in „Ein fremdes Kind" von V. V. Schkwarkin. Volksbühne am Luxemburgplatz, Berlin. Regie: Robert Trösch. Bühnenbild: Hermann Stender.
Fürstin Staherbazkaja in „Anna Karenina" von Lew Tolstoi (Fassung der Volksbühne). Volksbühne am Luxemburgplatz, Berlin. Regie: Werner Stewe. Bühnenbild: Roman Weyl.

1955
Skirina in „Turandot" von Carlo Gozzi/Friedrich Schiller. Volksbühne am Luxemburgplatz, Berlin. Regie und Bühnenbild: Rochus Gliese.
Mitwirkung in „Krassin rettet Italia" (Lesung) von Friedrich Wolf. Volksbühne am Luxemburgplatz, Berlin. Regie: Werner Stewe. Bühnenbild: Kollektiv.

1956
Frau Hassenreuther in „Die Ratten" von Gerhart Hauptmann. Volksbühne am Luxemburgplatz, Berlin. Regie: Walther Suessenguth. Bühnenbild: Roman Weyl.
Die Alte in „Die erste Reiterarmee" von Wsewolod Wischnewski. Volksbühne am Luxemburgplatz, Berlin. Regie: Kurt Jung-Ahlsen. Bühnenbild: Roman Weyl.
Die Obdachlose in „Nekrassow" von Jean Paul Sartre. Volksbühne am Luxemburgplatz, Berlin. Regie: Fritz Wisten. Bühnenbild: Roman Weyl.

1957
Marzelline in „Der tolle Tag" von Beaumarchais. Volksbühne am Luxemburgplatz, Berlin. Regie: Kurt Jung-Ahlsen. Bühnenbild: Roman Weyl.
Rosa in „Der Raub der Sabinerinnen" von Franz von Schönthan. Volksbühne am Luxemburgplatz, Berlin. Regie und Bühnenbild: Rochus Gliese.
Nachbarin in „Die Macht der Finsternis" von Lew Tolstoi. Volksbühne am Luxemburgplatz, Berlin. Regie: Fritz Wisten. Bühnenbild: Rochus Gliese.
Frau Pastor Kittelhaus in „Die Weber" von Gerhart Hauptmann. Volksbühne am Luxemburgplatz, Berlin. Regie: Ernst Kahler. Bühnenbild: Heinrich Kilger.
Eine Frau in „10 Tage, die die Welt erschütterten" von John Reed/Heiner Müller/Hagen Mueller-Stahl. Volksbühne am Luxemburgplatz, Berlin. Regie: Hans Erich Korbschmitt. Bühnenbild: Roman Weyl.

1958
Serpente in „Das Testament" von Weise. Volksbühne am Luxemburgplatz, Theater im 3. Stock, Berlin. Regie: Heinrich Goertz.

1959
Galgentoni in „Die Himmelfahrt der Galgentoni" von Egon Erwin Kisch. Volksbühne am Luxemburgplatz, Theater im 3. Stock, Berlin. Regie: Heinrich Goertz. Bühnenbild: Herbert Döblin.
Mitwirkung in „Begegnung 57" von Herbert Keller. Volksbühne am Luxemburgplatz, Theater im 3. Stock, Berlin. Regie: Hagen Mueller-Stahl. Bühnenbild: Siegfried Potschka.
Frau Albert alias Frau Karjanke in „Der Hauptmann von Köln" von Slatan Dudow/Michael Tschesno-Hell. Volksbühne am Luxemburgplatz, Berlin. Regie: Otto Tausig. Bühnenbild: Roman Weyl.

1960
Klara Bolland in „Moral“ von Ludwig Thoma. Volksbühne am Luxemburgplatz, Berlin. Regie: Ernst Kahler. Bühnenbild: Siegfried Stepanek.
Frau Wermelskirch in „Fuhrmann Henschel“ von Gerhart Hauptmann. Volksbühne am Luxemburgplatz, Berlin. Regie: Erich Alexander Winds. Bühnenbild: Heinz Pfeiffenberger.
Mademoiselle Henry in „Beaumarchais“ von Friedrich Wolf. Volksbühne am Luxemburgplatz, Berlin. Regie: Rudi Kurz. Bühnenbild: Roman Weyl.

1961
Frau Schnütchen in „Ein besserer Herr“ von Walter Hasenclever. Volksbühne am Luxemburgplatz, Berlin. Regie: Emil Stöhr. Bühnenbild: Roman Weyl.
Frieda Bremer in „Affaire Blum“ von Erich Engel/Robert Adolf Stemmle. Volksbühne am Luxemburgplatz, Berlin. Regie: Hagen Mueller-Stahl. Bühnenbild: Roman Weyl.
Herzogin von Tremouille in „Die heilige Johanna“ von George Bernard Shaw. Volksbühne am Luxemburgplatz, Berlin. Regie: Walter Suessenguth. Bühnenbild: Roman Weyl.

1963
Serafima in „Mein Freund“ von Nikolai Pogodin. Volksbühne am Luxemburgplatz, Berlin. Regie: Hannes Fischer. Bühnenbild: Gerhard Schade.
Köchin in „Satanische Komödie“ von Hans Lucke. Volksbühne am Luxemburgplatz, Berlin. Regie: Lothar Bellag. Bühnenbild: Pieter Hein.

1964
Mitwirkung in „Frau Jenny Treibel“ von Claus Hammel/Theodor Fontane. Maxim Gorki Theater, Berlin. Regie: Horst Schönemann. Bühnenbild: Gerhard Schade.

1965
Matwejewna in „Am Tage der Hochzeit“ von Viktor Rosow. Maxim Gorki Theater, Berlin. Regie: Horst Schönemann. Bühnenbild: Helmut Korn.

1966
Jeannes Mutter in „Jeanne oder Die Lerche“ von Jean Anouilh. Volksbühne am Luxemburgplatz, Berlin. Regie: Wolfgang Fleischmann. Bühnenbild: Gerhard Schade.

1967
Garderobenfrau in „Nebeneinander“ von Georg Kaiser. Volksbühne am Luxemburgplatz, Berlin. Regie: Wolf-Dieter Panse. Bühnenbild: Gerhard Schade.
Frau Regierungsrat in „Mysterium buffo“ von Wladimir Majakowski/Helmut Baierl. Volksbühne am Luxemburgplatz, Berlin. Regie: Wolfgang Pintzka. Bühnenbild: Manfred Grund.

1968
Hanna Kennedy in „Maria Stuart“ von Friedrich Schiller. Volksbühne am Luxemburgplatz, Berlin. Regie: Fritz Bornemann. Bühnenbild: Manfred Grund.

1969
Teppichhändlerin in „Der gute Mensch von Sezuan“ von Bertolt Brecht. Volksbühne am Luxemburgplatz, Berlin. Regie: Benno Besson. Bühnenbild: Achim Freyer.
Mitwirkung in „Haut oder Hemd“ von Erik Neutsch. Theater des Friedens, Halle. Regie: Ullrich Thein.
Großmutter in „Die seltsame Reise des Alois Fingerlein“ von Rainer Kerndl. Städtische Bühnen Karl-Marx-Stadt. Regie: Wolfgang Krempel.

1970
Tatjana Iwanowna in „Avantgarde“ von Valentin Katajew. Volksbühne am Luxemburgplatz, Berlin. Regie: Fritz Marquardt. Bühnenbild: Manfred Grund.

1973
„Vorstellung von Vorstellungen", eigener Abend. Volksbühne am Luxemburgplatz, Berlin.

1979
„Frauen", eigener Abend. Volksbühne am Luxemburgplatz, Berlin.

1984
Frau Uzkureit in „Die Axt im Haus" von Paul Gratzik. Volksbühne am Luxemburgplatz, Berlin. Regie: Harald Warmbrunn. Bühnenbild: Heiko Zolchow.

STEFFIE SPIRA
ROTE FAHNE MIT TRAUERFLOR

Tagebuch-Notizen

Kore

HARRIET STRAUB

ZERRISSENE BRIEFE

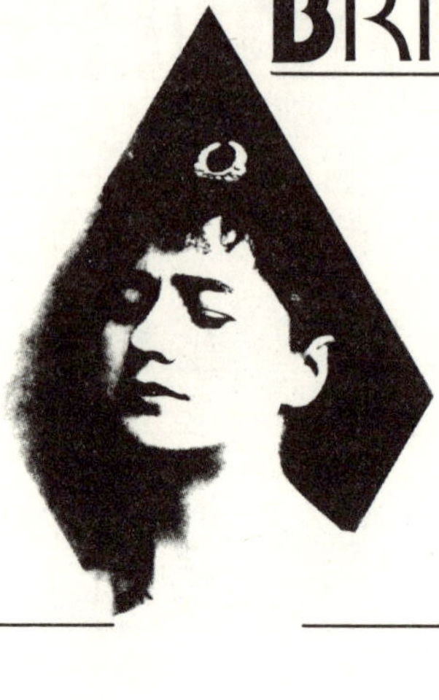

Herausgegeben
von Ludger Lütkehaus

Kore

Harriet Strauß
Wüstenabenteuer. Frauenleben

Herausgegeben
von Ludger Lütkehaus

Kore

CORNELIA GOETHE

BRIEFE UND CORRESPONDANCE SECRETE 1767—1769

Kore

Dreikönigstr. 6, D 7800 Freiburg, 0761/702034
Reprint des gleichnamigen Buches von 1984,
mit freundlicher Genehmigung des
Aufbau Verlages, Berlin, Weimar.

Wir danken Günter Caspar für die
Zusammenstellung der Photographien,
Theaterzettel und Legenden und
Elke Tasche für das Rollenverzeichnis.

Umschlaggestaltung: Michael Wiesinger
Bild: Goya, *Präzise Torheit*, Ausschnitt,
Radierung mit Aquatinta, 1815-24
Druck und Bindung: Offizin Andersen Nexö, Leipzig
Printed in Germany

CIP-Titelaufnahme der Deutschen Bibliothek:

Spira, Steffie:
Trab der Schaukelpferde : Autobiographie
/ Steffie Spira.
Freiburg (Breisgau): Kore, 1991

ISBN 3-926023-28-7